AF385663

BIBLIOTHÈQUE CONTEMPORAINE

MME EDGAR QUINET

LE VRAI

DANS

L'ÉDUCATION

PARIS

CALMANN LÉVY, ÉDITEUR

RUE AUBER, 3, ET BOULEVARD DES ITALIENS, 15

A LA LIBRAIRIE NOUVELLE

1891

LE VRAI

DANS L'ÉDUCATION

OEUVRES COMPLÈTES D'EDGAR QUINET

EN 30 VOLUMES

LIBRAIRIE FÉLIX ALCAN

CALMANN LÉVY, ÉDITEUR.

Format grand in-18

Coulommiers. — Imp. PAUL BRODARD.

LE VRAI

DANS L'ÉDUCATION

PAR

Mme EDGAR QUINET

PARIS

CALMANN LÉVY ÉDITEUR

ANCIENNE MAISON MICHEL LÉVY, FRÈRES

3, RUE AUBER, 3

1891

LE VRAI

DANS

L'ÉDUCATION

I

LA JEUNE FILLE

C'est aux mères que j'adresse ces réflexions.

La culture de l'intelligence et des manières, l'instruction et le savoir-vivre, tout ce qui fait acquérir une place distinguée dans la société forme généralement l'objet principal de l'éducation.

C'est beaucoup, j'en conviens; mais tout cela me paraît peu de chose si on néglige l'essentiel, la vie de l'âme, cette source cachée qui alimente les nobles pensées, les bonnes actions.

L'âme d'un enfant est une mine vierge; les

trésors qu'elle recèle demeurent inconnus sans la providence terrestre — une mère éclairée.

De nos jours, une noble émulation s'est emparée de toutes les jeunes mères; leur tendresse passionnée recherche mille enseignements que l'instruction publique met à leur portée. Et pourtant il me semble qu'il y a une lacune. Quel est le point négligé? L'éducation de l'âme.

Il s'agit de fixer les bons instincts, les sentiments droits, les idées justes qui s'agitent obscurément dans l'âme d'une jeune fille.

Cultivez le naturel, écartez l'élément factice.

Voyez la différence entre une petite fille qui n'a pas encore quitté sa mère et celle qui fréquente déjà l'école : l'une conserve la grâce naïve d'une création neuve, l'autre a pris les manières de convention, les paroles, les gestes et la physionomie d'emprunt des pensionnaires.

Une mère qui aspire à devenir la Providence de son enfant pensera avant tout au bonheur élevé qu'elle peut lui préparer. Aujourd'hui, la préoccupation maternelle, c'est le succès dans le monde.

La part exagérée qu'on fait de nos jours à l'enfant dans la vie de famille est contraire au but sérieux que j'indique. Autrefois relégué à la cuisine, avec les domestiques, il ne comptait pour rien; maintenant il est devenu tout; il ne quitte pas le salon; le monde entier tourne autour de ce pivot; il s'habitue à se considérer comme le centre de toutes les attentions, de toutes les louanges. Les petites filles surtout, avec le luxe de leur toilette, leur tournure, les plumes de leur chapeau monumental jouent à la madame et le sont en effet. Petites femmes minuscules, maîtresses de maison réduction Colas, elles ont déjà l'esprit, le jargon mondain qu'elles conserveront toute leur vie. Quoi d'étonnant si elles ne restent pas longtemps jeunes? Elles commencent la jeunesse dix ans trop tôt. La conversation, les manières, la physionomie de ces étonnantes petites créatures leur donnent l'aplomb de la trentième année. On dirait des femmes naines, et elles ont sept ans.

Ces coutumes fâcheuses préparent une jeunesse blasée et raccourcissent la vie. Je comprends pourquoi une jeune fille se trouve trop vieille à vingt-six ans pour le mariage : il y a vingt ans qu'elle fait la dame.

Revenons à des vues plus conformes au bon

sens, à la nature, sans retomber dans l'ignorance systématique d'autrefois. Ne faisons pas de nos enfants des fruits de serre-chaude, des primeurs sans goût, sans aucune saveur, produits surchauffés, très inférieurs à ceux qui viennent naturellement, selon l'ordre des saisons.

Il n'y a pas de recette, de règle précise pour apprendre à une mère ce qu'elle doit faire et dire pour que sa fille chérie devienne une âme accomplie. *Être sa Providence!* ce mot dit tout. Veiller sans cesse, d'une façon invisible, intervenir discrètement en toutes choses, s'inspirer de sa mission divine dans les actes les plus simples, voilà l'essentiel; son cœur lui indiquera le procédé.

Toute parole, toute lecture, le choix des amitiés, tout sera dirigé dans un esprit de vérité et de bonté. L'enfant s'habituera ainsi à aimer ce qui est vrai plutôt que ce qui brille; ce qui est impérissable plutôt que la mode passagère. La sincérité absolue, voilà le premier moyen en éducation et le plus puissant.

Sans doute une bonne nature résiste instinctivement au mal qui règne autour d'elle; mais échapper à la contagion par une espèce de miracle, qui voudrait en courir le risque? Puis, éviter le mal n'est pas tout. La tâche sacrée de l'éducation, c'est de mettre en lumière le bien, et de développer tant de précieux germes qui restent enfouis.

La sollicitude des parents s'applique à soigner la santé du corps et les facultés intellectuelles des enfants pour en faire des hommes instruits et bien portants. Eh bien! il y a quelque chose de plus et qu'on peut mener de front avec la gymnastique, avec l'hygiène et avec les sciences, c'est la vie de l'âme qu'une mère éveillera chez son enfant. Une fois que le goût en est pris, il ne s'efface plus; ce cœur ne s'endormira jamais, ce jeune esprit se tournera instinctivement vers la lumière et ne connaîtra ni l'indifférence, ni la banalité.

Aujourd'hui livrée à la société de ses trop nombreuses compagnes, la petite fille emprunte à chacune d'elles un défaut ou du moins une grimace. Elle perd le délicieux langage de l'enfance et sa grâce naïve; elle prend les manières tapageuses, l'argot et la physionomie propres aux pensionnaires; elle gaspille en bavardage intarissable un grand fonds de vitalité. Le plus grand inconvénient de ces phalanstères enfantins, c'est qu'une petite fille ne peut plus se passer de la société de ses compagnes ; la solitude pendant une heure lui devient intolérable. Elle s'habitue à une vie qui la transforme à jamais en machine parlante, roulante ; elle use de bonne heure, par le frottement de la conversation mondaine, cette fraîcheur, ce velouté de la fleur printanière.

— Refuseriez-vous par hasard à votre petite fille la société de ses camarades de jeux ? — Non certes, l'idée ne m'en vient pas. Courir, sauter, gambader ensemble au Luxembourg et au Jardin des Plantes, c'est une nécessité d'hygiène pour l'enfant, un répit à la tâche maternelle. Mais on abuse des réunions d'enfants : goûters, matinées, après-midis, soirées, concerts, bals d'enfants, tout cela est tellement multiplié que la petite fille, et plus tard la jeune fille, ne peut plus supporter une minute de récréation solitaire. Elle a une véritable nostalgie, si elle ne passe quelques heures de la journée dans la compagnie bruyante de ses camarades.

Comment, par quel miracle la pensée pourrait-elle s'éveiller jamais au milieu de ce tapage de mots, de cris, de rires à tout propos et sans propos, qui dure au moins douze ans ?

L'enfant privilégié entre tous est celui qui a reçu en héritage les habitudes de vertu de ses éducateurs ou de ses parents. Heureux s'il les doit à la loi de l'atavisme! Il est facile alors de progresser dans le bien, indéfiniment! A ce fond acquis, à ce patrimoine sacré de la famille si l'âme ajoute de nouvelles forces divines, elles croîtront avec une sainte ardeur, et où n'atteindront-elles pas?

Il en est autrement pour un pauvre être obligé de se créer lui-même moralement. Si l'orgueil entrait en balance dans ces questions des destinées éternelles, il serait permis peut-être à celui qui ne doit rien aux autres et qui a tout acquis seul, péniblement, à ses dépens, au prix de mille douleurs. La pire de toutes c'est d'arriver au terme de la vie et de s'apercevoir du peu qu'on a fait, du pauvre résultat obtenu. L'ambition sacrée de servir le Bien et le Beau était immense, et on est resté si loin de ce triomphe sur soi-même, si loin de cet idéal de vertu sans cesse présent dans le sanctuaire de la conscience! On meurt au premier acte de ce drame éternel : l'éducation de soi-même! Heureux mille fois celui qui a reçu d'une mère vertueuse, d'un père éclairé, ces premiers enseignements de la vie morale! Quelles lisières pour apprendre à l'enfant à marcher droit et ferme devant lui!

Ah! si les jeunes mères réfléchissaient toujours à l'avenir moral de leur enfant, au lieu de l'envisager au seul point de vue de l'instruction et du succès dans le monde!

Elle se diraient qu'elles tiennent entre leurs mains tout un univers. Il dépend d'elles de faire éclore les dons merveilleux que recèle une âme d'enfant et qu'une fausse éducation fait dégénérer; ce qui est mille fois pire que la déperdition de ces dons innés.

Aux premières années de l'enfance, alors que le cerveau est encore trop faible pour être surchargé d'enseignements, on peut y graver les linéaments ineffaçables de la sincérité, de la droiture. Véracité, douceur, obéissance, habitudes d'ordre, cet *a b c* doit être enseigné dès l'âge de deux ans. L'enfant entrera ainsi dans la vie muni de ces blanches ailes qui le soutiendront bien au-dessus des souillures terrestres. Mais la plupart des jeunes mères ne voient dans leur enfant qu'une adorable poupée, une réduction d'elles-mêmes, un vivant miroir de leur figure, de leur esprit. Une jeune mère cause avec sa petite fille comme avec une autre elle-même ; c'est un écho, un monologue d'amour et de bonheur. Elle pourrait faire mieux encore : élargir le point de vue personnel, y ajouter le respect de la personne morale en formation ; l'âme de l'enfant n'est que l'embyron de ce qu'elle sera un jour.

C'est à la mère de séparer les éléments confus de ce chaos et de prononcer le *fiat lux*.

Il arrive souvent à la meilleure, à la plus charmante des mères de pervertir très innocemment son enfant, en lui disant tout en riant : « Oh la petite menteuse ! tu dis un mensonge, mon amour ! » Et ces mots sont entremêlés de rires et de baisers ! On inculque ainsi aux enfants l'habitude de fautes qu'ils ont commises jusque-là inconsciemment ; leurs défauts viennent d'abord par héritage, ensuite par les propos inconsidérés de ceux qui les entourent. Sans doute il est impossible d'isoler un enfant et d'éviter qu'aucun exemple, aucun mot fâcheux lui fasse impression, mais les bonnes habitudes que la mère lui fait prendre dès le berceau empêchent le défaut de s'enraciner. Il y a une prévoyance maternelle qui correspond aux soins de propreté que la mère donne chaque matin à l'enfant : il y a des grains de poussière impure qui voltigent autour de cette chère petite âme et qu'il faut empêcher de s'y attacher. Cette surveillance maternelle constante en purifiant l'enfant prépare l'être sain et vigoureux en même temps qu'intelligent et charmant. Tous ces devoirs exigent de la persévérance dans l'application.

Encore une fois, les mères les plus éclairées et les plus tendres ne songent qu'à développer les qualités utiles, qu'à enseigner *ce qui se fait, ce qui ne se fait pas*, ce qui permet d'avancer dans le monde. En un mot, elles sont inspirées par la morale courante, pratique ; elles veulent assurer à leur enfant un avenir de bonheur, de prospérité.

L'éducation dont il s'agit ici est plus désintéressée et plus haute : c'est la culture de l'âme en vue de son développement infini. Le premier degré de cette ascension vers l'Idéal de la vertu, c'est l'amour du sacrifice, l'habitude du désintéressement. Mais les mères n'ont guère ce courage, et voilà pourquoi l'égoïsme et la vanité sont le trait dominant des hommes, même des meilleurs.

En regardant la physionomie d'un enfant on sent plus que jamais l'importance de l'œuvre éducatrice ;

de toutes les missions humaines il n'en est pas de plus sacrée. Voyez cette petite fille, son âme est visible sur son visage; elle n'a pas encore acquis l'art de poser un masque sur cette douce figure, ni de refouler ses sentiments. Elle est vraie cette pure et innocente créature de Dieu, si admirablement douée, bonne, intelligente, tendre et raisonnable; elle apporte en entrant dans la vie un fonds moral très riche. Quel crime ce serait que de le dénaturer, de l'appauvrir et même de le laisser stationnaire! C'est un devoir strict que de développer ses facultés; elle peut, elle doit arriver à la perfection, pour peu qu'elle y soit aidée par une direction prévoyante.

On ne réfléchit pas assez au caractère, cet attribut moral si supérieur, si rare. Peu d'hommes en sont doués, et les femmes encore moins. Le caractère, c'est une force naturelle de résistance à tous les compromis que la faiblesse humaine suggère; une force qui maintient la volonté droite et ferme au milieu des fluctuations générales. Heureux qui a reçu ce don! Revêtu d'une invincible armure, au milieu des combats de la vie, les coups les plus rudes ne le feront pas défaillir. Il y a des natures exquises, des natures saintes, qui ne possèdent pas cette force native; mais chez ces âmes d'élite la vertu innée tient lieu de caractère et empêche les concessions aux faiblesses humaines. Souvent une éducation intelligente, consciencieuse, donnée à un enfant, peut remplacer chez lui ce que la nature n'y a pas mis. Le caractère est comme une charpente de fer qui soutient et consolide toutes les pensées, tous les actes de la vie. Les principes du bien inculqués dès les premières années, puis l'habitude et la pratique du bien peuvent suppléer jusqu'à un certain point à cette force invincible qui appartient à quelques êtres privilégiés et qui est pour eux plus que l'intelligence, plus que le savoir, plus que la fortune, plus qu'une haute situation : un caractère.

On a dit que les idées routinières sont difficiles à briser dans un cerveau français; mais une fois que c'est fait et que l'idée nouvelle est acceptée, elle fait son chemin étonnamment vite. Rappelons-nous ce qu'était l'éducation avant Jean-Jacques : depuis qu'il a prêché aux mères d'allaiter leurs enfants, elles n'ont plus abandonné les nourrissons à la campagne. Combien a-t-il fallu de temps pour généraliser ce retour à la nature? Aujourd'hui l'éducation physique est très bien entendue, l'instruction partout dispensée, avec exagération peut-être. Reste la question suprême, la direction morale ; c'est la tâche des mères : voilà le grand pas à faire en avant.

La religion du respect est le premier dogme à inculquer à l'enfant ; respect de soi-même, respect de ceux qu'il aime.

Le dédain pour la vieillesse est pour ainsi dire enseigné aux jeunes gens. Étonnante pédagogie ! De grâce, ne fût-ce qu'en l'honneur des études classiques et tout simplement pour rappeler le respect traditionnel dû « aux vieillards d'Argos », à ceux qui discouraient « comme des cigales sur la terrasse du palais de Priam », il faudrait s'abstenir de ces outrageantes railleries. Jusqu'ici le respect de la vieillesse était le fondement de la civilisation, surtout dans les Républiques.

Les peuplades sauvages se débarrassent des vieux. Nous plongeons encore dans la barbarie.

L'ouvrage du naturaliste Huber sur les *Fourmis* inspire maintes réflexions sur l'éducation, et voici ce qu'on en peut conclure : L'amour maternel est un instinct commun à tous les êtres, on ne peut en

faire honneur exclusivement à la femme. Le rôle de
la mère ne doit pas se borner aux soins de l'allaitement, de la nourriture et aux caresses; les animaux
en font autant, et beaucoup plus. Voyez les fourmis :
Quelle mère égalera les soins minutieux de ces
insectes pour leurs petits? Quand je vois ces atten-
drissements littéraires, à ce seul mot : une mère !
je me demande : A t-elle donné à son enfant seulement la vie du corps? S'occupe-t-elle uniquement
de l'entretien matériel de sa progéniture? N'aime-
t-elle que la chair de sa chair? Ainsi le veut la loi
de la nature. Ce qui distingue la créature humaine
c'est l'éducation morale : enfanter une âme, c'est
l'entourer des mêmes soins, des mêmes précau-
tions que le corps de l'enfant. Faire éclore les
facultés cachées, les embellir, les perfectionner, et,
à cette fin, employer la même activité que les
fourmis ouvrières en mettent pour les pauvres
larves.

Une jeune fille ! Ce mot a le privilège de faire
rêver les poètes, les romanciers, les gens du monde.
En elle on admire tout. Le rire, les mots les plus
insignifiants semblent adorables ; les gestes, la
démarche, tout plaît en elle ; même elle peut se dis-

penser d'être belle. Tout son charme se résume dans ce mot, la jeunesse.

Le type de ce qu'on est convenu d'appeler une *vraie jeune fille* est figuré par mademoiselle Reichenberg.

Supprimons, je vous prie, la gracieuse toilette et les révérences, les mines et boutades plus ou moins ingénues; cherchons la valeur réelle. Eh bien! je crois que cette valeur n'est pas encore développée; cette jeune fille n'acquiert une individualité qu'après son mariage; son mari sera son éducateur.

Pourquoi ne serait-ce pas la mission d'une mère? C'est elle qui doit former la personne morale de ce jeune être qui dépend trop du hasard. Un heureux hasard peut lui réserver dans le futur compagnon de sa vie un guide éclairé, mais le contraire pourrait arriver à coup sûr. Que de malheurs conjurés, si la tendresse prévoyante d'une mère et la forte éducation donnée à la jeune fille l'ont armée contre les mauvaises chances; si, élevée dans des principes fermes, elle peut devenir l'amie secourable de l'homme qu'elle épouse.

Aujourd'hui toutes les jeunes filles se ressemblent,

et pourtant la diversité des types serait une grâce de plus. A la taille et à la beauté près, leur type est uniforme : même toilette, même arrangement de cheveux, conversations identiques ; elles semblent venues dans le même moule.

On distinguera aisément celle en qui on a cultivé la vie de l'âme, celle qui préfère l'être au paraître, qui ne sacrifie jamais le fond à la forme et qui voile de modestie exquise le savoir, les dons de l'intelligence. Tout en préférant la simplicité à l'éclat, cette jeune fille se trouverait au besoin parfaitement à l'aise au milieu des grandeurs ; elle éprouverait un enthousiasme sacré pour toutes les choses nobles et grandes et un profond dédain pour les joies de la vanité.

Que manque-t-il à certaines natures très bien douées et qui portent en elles tous ces instincts élevés ? Une direction maternelle éclairée eût fixé à jamais leurs idées au début de l'existence, les eût sauvegardées de ces opinions flottantes dont le hasard seul décide.

Une jeune fille accomplie personnifie la sainte innocence, c'est une âme ignorant le mal ; en même temps c'est une âme qui ignore le vrai bien, les trésors infinis de la vie morale. Les mères ont le grand devoir de leur laisser ignorer les laideurs qui s'agitent dans la pénombre, mais n'y a-t-il pas à leur révéler tout un univers de beauté? Le rôle de la mère c'est d'être l'initiatrice de chaque chose belle, dans toutes les branches du savoir accessible aux jeunes filles, et l'horizon en est si vaste!

La décoration extérieure, en fait d'éducation, voilà jusqu'ici le principal souci des mères les plus intelligentes. Elles aident leurs filles à acquérir tout ce qui leur permettra d'égaler leurs compagnes les mieux favorisées par la fortune et de briller un jour autant par l'instruction que par la science du savoir-vivre. Ce côté de l'éducation est parfaitement dirigé, je le répète. Mais il y a une mystérieuse influence de l'âme maternelle sur l'âme enfantine qui doit s'exercer à toute heure, depuis la prière matinale faite en commun, jusqu'à l'examen de conscience après une journée de travail ou de plaisir. Nulle autre science que l'amour n'inspire cette éducation si simple; elle continue inconsciente, comme les battements du cœur, comme une respiration nécessaire. Pour cela il faut que la mère soit l'amie préférée de sa fille. Cet échange d'affection et de confidences intimes entre la mère et l'enfant a de lointaines conséquences.

La vue d'une jeune fille exerce un charme irrésistible. Si c'est un plaisir d'artiste, je le partage; ces joues veloutées, cette fraîcheur de carnation, ce visage pur que nulle ride n'a encore sillonné, cette respiration égale et douce de la vie encore inconsciente, offrent à la peinture un admirable type.

En réalité, la vue d'une jeune fille me serre le cœur. Quel sera son avenir? Les précieuses qualités de cette jeune âme seront-elles bien dirigées ou faussées? Qui sera digne de posséder cette fleur d'innocence? Il dépend de l'homme de faner cette jeunesse, ou de l'épanouir à la pure lumière.

Que sait-elle, la pauvre enfant? Elle met sa main, en fermant les yeux, dans la main du fiancé qu'on a choisi pour elle. Dans les sages lois qui règlent le divorce on impose un stage de trois ans aux époux qui veulent se quitter pour incompatibilité d'humeur et recouvrer leur liberté. C'est avant le mariage qu'il faudrait, sinon s'imposer une épreuve aussi longue, du moins se donner le temps de la réflexion. L'épreuve de la fortune serait aussi une garantie. Si le père ne donnait à la fille que le strict nécessaire, elle serait recherchée pour elle-même; si le fiancé passe par-dessus la question d'argent, son sentiment est sincère. La crainte de la pauvreté sera surmontée plus facilement par la jeune fille; elle l'affrontera avec joie si elle aime, et elle aura le courage assez rare de préférer la simplicité au luxe.

Voilà ce que des parents sages, sinon les douze Tables de la Loi, devraient stipuler avant le mariage.

Voyez autour de vous ces jeunes filles si bien élevées, elles seront charmantes, empressées pour toute personne qui brille dans le monde à un titre quelconque, position, fortune, renommée. Un mérite caché, des vertus humbles, voilà ce qu'elles auront de la peine à démêler, à honorer. Pourquoi? Elles n'y pensent même pas. Ce mot : « Je n'y pensais pas, » revient pour un dixième dans les réponses d'une jeune fille.

Celle qui aura été habituée par sa mère à discerner en toutes choses le vrai ne risquera jamais de passer à côté d'une valeur morale sans l'apprécier (et souvent cela signifie passer à côté du bonheur). Elle possédera le don si rare de deviner une nature supérieure, d'apercevoir une vertu cachée.

L'éducation jusqu'ici en usage ne se propose

d'autre but que de former pour la société une personne apte à y tenir un rang avantageux. Cette condition première pourrait être remplie sans négliger cet autre but, le développement de la personnalité morale de l'enfant.

Les jeunes gens, dans un bal, peuvent écouter avec plaisir les gentilles phrases échangées pendant le quadrille, mais si le mari ne trouve dans sa femme qu'une grande petite fille, il la traitera comme telle, au lieu d'en faire la confidente de ses idées et de ses sentiments les plus sérieux.

Comment sa conversation ne paraîtrait-elle pas vide, indigente? Elle a dépensé en menue monnaie son jeune babil dans les sujets les plus frivoles; elle n'éprouve aucune curiosité pour ce qui intéresse l'homme, aucun goût pour les idées. Pourquoi cela? c'est que sa pensée n'a jamais pu se réveiller, elle est restée étouffée sous le bruit incessant des paroles oiseuses. Le sourire délicieux d'une jeune fille n'a pas un charme durable, mais les généreuses sympathies qui rayonnent sur sa figure survivent à la jeunesse, à la beauté.

La faculté de se recueillir, qui semble inutile pendant la jeunesse, devient un secours inespéré plus tard, quand le printemps de la vie a passé avec les fleurs, quand l'isolement, la pauvreté, la maladie ou le deuil viennent assombrir l'existence. Les heureux de la terre possèdent une famille chérie, une propriété, un jardin qu'ils soignent, cultivent et se transmettent par héritage; ils s'y abritent dans les jours d'épreuves et y trouvent des consolations. Celui qui ne possède d'autre refuge que sa pensée bénit l'éducation première qui lui a donné ce bien, et travaille à le faire fructifier.

Depuis cent ans la vie de famille est transformée. Ce qui était autrefois l'exception est devenue la règle. Les mères s'occupent passionnément de leurs enfants; leur santé, leur bien-être, leur éducation, voilà la première pensée de toute mère digne de ce nom.

Cette réforme capitale sera suivi d'une autre, il faut l'espérer. Le mariage n'est pas encore ce qu'il doit être. Si les choix ne sont plus disparates ou forcés, on ne peut guère dire que les sympathies d'idées et les affinités de caractère les déterminent. On épouse une situation. Les parents cherchent pour leur fille un état, une fonction; magistrat, médecin, professeur, industriel, propriétaire; peu importe l'individualité, les opinions, la personne enfin. De son côté le jeune homme recherche une dot, ou du moins une famille influente; les qualités de sa future compagne sont choses accessoires.

Que de fois une amie prévoyante dit à la jeune fille : « Quoi? épouser cet homme sans l'aimer? » Et elle posément : « Cela ne fait rien. Cela viendra plus tard. »

Pour l'un et pour l'autre des conjoints, le but le plus élevé du mariage c'est de « fonder la famille! » Eh quoi? l'amour, l'union des cœurs, n'est-ce pas l'essentiel? Non. Autrefois, c'était ainsi; aujourd'hui les lois des sciences naturelles président seules au mariage.

Étonnez-vous après cela de la direction que prend l'existence et de la séparation intellectuelle de ce jeune ménage (ce qu'on appelle des bons ménages, honnêtes, pénétrés des devoirs de la vie). Le mari s'absorbe dans les affaires, ou dans la vie politique; ses relations mondaines, les jouis-sances de l'art lui tiendront lieu de ces joies intimes qu'il ne connaîtra pas. Sa femme se concentre naturellement dans l'amour de ses enfants; en même temps elle forme une étroite alliance avec sa mère, bien plus étroite qu'avant son mariage; elle lui appartient davantage. On dirait que la mère l'a mariée tout exprès sans consulter son cœur pour conserver à tout jamais sa fille. De là ce type social, la belle-mère, parfois le fléau des ménages. Oui, on peut l'avouer, généralement la belle-mère est une cause (inconsciente ou non) du peu d'harmonie, du manque d'union dans un ménage. La raison en est bien simple : l'une et l'autre, la mère et la fille, se sont mariées sans amour; de là cette ligue offensive ou défensive contre les maris. Une jolie comédie à faire, ce serait de mettre en scène deux alliés, le beau-père et le gendre, l'un et l'autre maris délaissés.

Dans son ouvrage la *République, conditions de régénération de la France*, Edgar Quinet a tracé un programme d'éducation pour les jeunes filles. Il n'a pas vu ses idées réalisées, mais on peut tout espérer, aujourd'hui qu'une génération de Françaises éclairées, formées par l'esprit laïque, élèvera à son tour des citoyens dignes de la France nouvelle. Nous en sommes encore loin; pourtant les instruments de régénération sont préparés; ils fonctionnent déjà. Les jeunes directrices d'École normale ou de Lycée ont une grande et belle tâche devant elles; les voilà à l'œuvre. L'esprit nouveau greffé sur le vieux fond janséniste ou huguenot devrait inspirer l'éducation de la France moderne, au moins pour les femmes. C'est ainsi seulement qu'elles échapperont à l'influence néfaste qui les ressaisit facilement. La femme française de l'avenir, celle que nos écoles normales et nos lycées nous préparent, ne sera ni athée, ni catholique, ni protestante, mais un sentiment religieux profond, éclairé par la lumière de l'esprit moderne animera l'éducation dont elle aura charge; elle saura unir dans une juste mesure le culte immuable d'un idéal divin et mystérieux avec les hardiesses d'une intelligence affranchie de toute superstition.

Le choix des lectures importe mille fois plus que les soins hygiéniques dus à une santé délicate. On peut guérir une fluxion de poitrine attrapée dans des courants d'airs, ou un transport au cerveau, suite d'une promenade ensoleillée. Mais le coup de soleil d'une lecture malsaine, les courants dangereux qui soufflent sur un jeune esprit, sont plus difficiles à combattre; la santé morale en reçoit des atteintes pour la vie.

Aujourd'hui la sollicitude maternelle s'applique surtout à soigner la santé des jeunes filles, à leur faire acquérir tous les éléments d'une instruction supérieure qui les mette à l'abri du besoin, en cas de revers. Certes, c'est beaucoup, c'est un grand progrès accompli depuis dix ans; et pourtant il y a une chose de plus, qu'on peut mener de front avec l'éducation la plus brillante; c'est ce qu'on appelait autrefois la vie cachée en Dieu, c'est-à-dire la vie morale.

Les premières impressions de l'enfance survivent à tout. Le livre qui a éveillé en nous la plus forte émotion décidera de notre direction d'esprit. Je me souviens d'une enfant de huit ans à qui sa mère lisait chaque soir une page des *Heures de recueillement* de Henri Zchokke, si populaires dans la Suisse allemande. Cette lecture d'une philosophie religieuse très simple fit aimer à la jeune fille quelques années plus tard un manuel renfermant des passages de philosophie antique et moderne. La *Métaphysique de la vertu de Kant* passionna ensuite ce jeune esprit; mais ce furent les *Dia-*

logues de Platon qui devinrent son bréviaire pour le reste de sa vie; l'humble livre suisse a été l'initiateur.

Je connais une pauvre octogénaire qui ne peut bouger de son fauteuil et qui lit des écrits philosophiques tout en se plaignant de ses facultés qui baissent. Les pages de romans de la *Revue des Deux Mondes*, entr'ouverte sur sa table, ne sont jamais coupées, mais toutes celles qui traitent d'art et d'histoire sont sans cesse lues et relues. Le fond sérieux qu'on a développé chez elle dans son enfance la soutient encore à l'heure où la décrépitude intellectuelle commence, d'ordinaire, pour les vieilles femmes infirmes.

Habituez donc les jeunes filles à des lectures sérieuses, quand ce ne serait que pour développer leur faculté d'attention. Plus tard ce serait peine perdue. Tout se grave dans un cerveau malléable; l'empreinte y restera à jamais. Les langues modernes, même le grec ou le latin, s'apprennent sans effort pendant ces jeunes années. Une floraison d'idées particulière à chaque langue et qui représente une civilisation différente enrichit ce jeune cerveau presqu'à son insu. Voilà le trousseau

qu'elle doit préparer en cachette, car elle se gardera
bien de faire étalage de son savoir. Les piles de
linge damassé serrées dans une armoire ne valent
pas ce trésor secret, une instruction solide qui
donne un lest à l'esprit et un fonds de ressources
utiles en cas de revers. Que la jeune fille soit
douée ou non d'une belle intelligence, le savoir
lui en tiendra lieu jusqu'à un certain point. Il ne
s'agit pas de les préparer toutes au professorat;
mais pour toutes l'hygiène de l'esprit est bonne. La
gymnastique ne leur servira pas non plus à monter
devant le public sur le trapèze; fortifier les membres, l'organisme entier, voilà le but.

Depuis quelques années ce rêve de réformes intelligentes commence à se réaliser en matière d'éducation et tout ce que l'on fait amènera tôt ou tard une
transformation générale; même les relations de
société seront plus agréables à ceux qui détestent
les paroles oiseuses, le temps perdu. Jusqu'ici la
conversation entre femmes est d'une futilité déplorable. Les visites qu'elles se font à leur *jour* ne
sont guère plus intéressantes que celles des Orien-
tales dans le harem ou des commères de village :
potins, chiffons, ménage, on ne sort pas de là. Ne

dites pas que l'avenir nous réserve de nouveaux types de *Femmes savantes* et de *Précieuses ridicules*, des bataillons d'Amazones, des Académies de doctoresses.

Non, les femmes du xx° siècle ne causeront pas entre elles algèbre, astronomie, numismatique et, il n'y aura pas de bataillons scolaires féminins. Les grâces légères de l'esprit français, ornement délicieux de la conversation, ne seront pas bannies d'un salon, parce que les intelligences se trouveront lestées d'un savoir solide. Les femmes se garderont bien d'en faire l'étalage fastidieux, mais tout dans leurs paroles, dans leur maintien, révélera un degré de vie supérieure. Un millionnaire qui l'est depuis longtemps ne s'amuse pas à détailler dans ses conversations le placement de ses capitaux; une vraie patricienne n'aura pas l'idée d'énumérer ses titres nobiliaires : de même la femme française de l'avenir n'exhibera pas ses richesses intellectuelles pour le sot plaisir d'en faire parade.

La mission de la femme, telle que je la conçois, est à la fois très simple et d'une ambition surhumaine. La femme n'aspire pas à l'*égalité*, aux droits de l'homme. Elle aspire à des droits *supérieurs*.

C'est plus facile, la loi ne les interdit pas. Quels sont ces droits supérieurs? Ceux que personne ne réclame. Pour les exercer, il faut une abnégation entière de soi-même; il faut d'abord s'armer contre l'injustice, contre le sarcasme. Laissez dire; le monde qui n'a pas le temps d'examiner ce qui est vrai ou faux, commence par ricaner : ne vous en inquiétez pas. Votre vie a un but plus élevé que de plaire ou de déplaire à ce monde éphémère et changeant; ce Protée finit par être terrassé et peut-être avez-vous contribué aussi à le dompter. L'ambition sainte de la femme, c'est d'être le bon génie qui veille sur ceux dont elle a charge d'âme. Qu'importe si les siens la récompensent par leur amour? la nature des anges est de faire le bien sans autre mobile que la joie d'aimer, d'aimer les choses dignes d'un être immortel.

Pourquoi la lecture des romans est-elle, en géral, malsaine? C'est que, même le meilleur, ôte à l'imagination sa fraîcheur, sa fleur d'innocence. Il arrive souvent qu'une jeune âme, au lieu de vivre de sa vie propre, est entraînée à une inconsciente imitation. Sa mémoire, encore imprégnée d'incidents, de sentiments romanesques, lui fait perdre la spontanéité et la sainte ignorance d'elle-même; le talent de l'écrivain a gravé en traits de feu comme des souvenirs personnels dans sa vie. L'analyse des passions éveille et tient en haleine cette faculté toute féminine : vivre par le cœur, au détriment de la raison. La raison ne se développe que par un exercice continuel, par des actes raisonnables; les manuels de sagesse y ajoutent peu. Les passions, au contraire, sont contagieuses de leur nature, et passent instantanément du livre dans le cœur avide d'aimer. Et alors, ce n'est plus l'impulsion irrésistible d'une âme attirée par une autre âme; ce n'est plus l'heure marquée par le destin; elle a été hâtée par le romancier, c'est la suite de son œuvre; il a fait vibrer l'instrument jusque-là muet. L'existence en reste parfois troublée.

On fait bien d'interdire aux jeunes filles les romans. Fortifier avant tout leur raison, leur jugement, éveiller en chacune d'elles la noble ambition d'être une intelligence, de se donner une tâche dans la société, si modeste qu'elle soit, c'est fournir à une âme des armes pour les grandes luttes de la vie.

Un trésor plus précieux que le génie même, c'est une âme jeune et pure; en elle est la force et la puissance. L'atmosphère sereine où elle vit, lui fait apercevoir nettement toutes choses. Le faux et le mal, comme un brouillard opaque, troublent la vue de ceux qui y sont plongés. Une âme blanche! quelle supériorité! quel levier moral tout-puissant! Cette pureté développe une vitalité extraordinaire, des facultés, dont tant d'autres sont privés. Le secret de la création est là, et aussi le bonheur.

Ce qui fait la grandeur, la noblesse d'une œuvre d'art (et aussi de tout sentiment humain), c'est l'immortalité qu'ils renferment. Le mot de Beethoven : « C'est si beau de vivre mille fois sa vie », s'explique de plus d'une façon. Pour l'homme de génie, c'est la multiplicité des créations qui centuple le don de l'existence. Pour toute âme vraie, l'enthousiasme sacré remplace la force créatrice. A chaque révélation du beau, elle se sent renouvelée. C'est comme une naissance nouvelle, qu'elle constate chaque fois; une prise de possession d'elle-même et de l'univers. Un bouton de rose qui aurait conscience de ses développements successifs, depuis le moment où la couleur rosée sourit à travers le calice, jusqu'à l'épanouissement parfait de la corolle éclatante, — triomphe de la fleur, de la fleur immortelle, — voilà l'image exacte.

Que d'étapes pour l'existence, marquées ainsi par des découvertes dans le grand art, dans la science, dans les régions morales! Quel but lumineux, superbe de la vie! Non, non, il n'est pas permis d'en médire quand on aime les belles choses.

Maintenir la jeunesse de l'âme, en dépit du temps, cela se peut : par un immense respect de soi-même, par cette fierté qui repousse tout sentiment vulgaire ou mesquin, et qui s'interdit toute lecture malsaine.

Encore une fois, l'inconvénient des romans c'est de mûrir, par un procédé artificiel de serre chaude, et par réverbération, le fruit qui doit venir à son heure, librement, en plein soleil.

La sainte Cécile du Dominiquin, au Louvre, n'est pas belle, c'est une tête d'enfant qui s'ignore; elle ne sait pas qu'une femme doit être belle. Mais elle est toute candeur, innocence, extase, c'est une âme blanche. On entend le son harmonieux de son âme qui s'exhale par la bouche entr'ouverte, les yeux perdus dans l'espace infini, dans les ondes sonores de la musique. Expression très réaliste dans son idéalisme.

Un peu plus loin, un autre esprit de la même famille malgré le contraste saisissant : le saint Jérôme, de Ribeira. Cette grande figure osseuse, décharnée, nue, dans le désert, vous frappe de respect. Pourquoi? Il comprend la grandeur de la destinée humaine. Il entend lui aussi des harmonies intérieures. Il possède la vraie ambition, celle qui embrasse l'éternité en même temps que la vie. Que lui importent les puissances terrestres! combien il les méprise! Il pourrait régner s'il voulait; il a le génie; mais sa grandeur consiste à reconnaître que *l'homme est un commencement,* un point de départ. Que de victoires il a remportées sur lui-même pour fortifier sa volonté et créer ces harmonies intérieures! elles le consolent et le soutiennent dans son désert. Se sentir dans le vrai, est une harmonie.

II

VIE DE LA PENSÉE

Je ne crois pas que de nos jours beaucoup d'âmes soient tourmentées par ce besoin de vie morale qui me semble la vraie démonstration de l'être immortel. Les esprits sont avides de connaissances, mais on ne songe pas assez à développer ce que la nature a déposé dans chaque individu. Aider le travail de la sève qui donnera les fleurs et les fruits, c'est le secret de l'éducateur. Trop d'acquisitions scientifiques arrêtent souvent cette éclosion morale; les connaissances, héritage commun de la civilisation, étouffent le germe précieux que chaque esprit bien doué porte en lui. Sans doute l'étude est indispensable pour le faire fructifier, mais il lui faut avant tout le recueillement.

Le mouvement tumultueux du monde ne favorise pas la floraison de la pensée. La plupart des écrivains lancés dans la vie mondaine reproduisent les idées, les sentiments qui ont déjà circulé; ce sont comme des réminiscences de musiciens qui se copient.

Un sculpteur façonne la terre glaise avant de s'attaquer au marbre; l'écrivain novice modèlera ainsi sa pensée, sans avoir la prétention d'élever un monument, et pour le seul bonheur d'épeler un mot dans le livre de l'art. Les femmes surtout, qui font des broderies uniquement pour occuper leurs doigts, puisent dans leurs corbeilles des laines aux nuances diverses et dévident leurs pensées intérieures; voilà à quel titre elles écrivent.

Pourquoi pas? Que d'idées utiles, bonnes à mettre en lumière naissent de cette humble façon, pendant que l'aiguille avance l'ouvrage! Il n'appartient pas seulement au génie de produire. Chaque âme droite et active peut enrichir le patrimoine universel avec des fruits de son propre domaine.

Celui qui sent distinctement en soi une richesse morale a le devoir de ne pas la laisser perdre. Peut-être sa modestie, sa défiance l'empêcheront-elles de mettre au jour ses idées; mais le seul fait de sentir ce mouvement intérieur, le désir d'une pensée qui demande à naître, c'est déjà un acte de vie intellectuelle. Jamais l'ambition n'entrera pour une part dans ce désir du penseur; l'amour seul l'anime et le guide. Il se doit à lui-même de fixer parfois ce qui lui vient du fond du cœur. Orateur, les paroles jailliraient de source, et s'écouleraient; mais dans le silence et le recueillement la pensée se concentre en elle-même; elle s'analyse et se reporte vers les sujets éternels.

Règle unique : Prenez la plume seulement pour propager une idée utile aux autres, capable de donner au lecteur une consolation, un encouragement, une joie.

La vie de la pensée, l'amour de l'art, premiers mobiles de l'écrivain. Être utile à ses semblables, second mobile.

Avant tout, il faut une grande pureté de cœur, une grande sympathie humaine, une confiance absolue dans la force de la vérité; beaucoup de modestie.

Une prière au Génie pour obtenir un de ses rayons.

Le respect du travail; la patience. Le temps est l'auxiliaire de la perfection, le temps est nécessaire à toute œuvre bonne et durable.

L'indépendance de l'esprit; le courage de l'idée, supérieur au désir du succès. Cette indépendance sauvegarde en même temps l'originalité. Une sévérité excessive envers soi-même, une critique impitoyable de chaque page, de chaque phrase. Point d'à peu près.

L'inspiration, considérée comme un don du ciel; jamais cherchée. Si elle vient, c'est l'oiseau qui se pose un instant sur le rebord de la fenêtre; ne le guettez pas, ne l'effarouchez pas; il reviendra à tire-d'aile, au moment où on ne l'attend pas.

Fermez vos cahiers, sortez pour vos affaires pour vos courses obligées; il voltigera tout à coup autour de votre tête pendant que vous traversez le Luxembourg, les Tuileries. Je conviens que vous ne le rencontrerez jamais dans les vestibules des ministères; mais à travers champs, si vous n'êtes pas préoccupé de la politique, du cours de la Bourse, des santés qui vous sont chères, une moisson de pensées vous est réservée. Cueillez-les, mais ne considérez pas votre butin comme le trésor de l'abeille. Rien n'est fait. Ce sont des matériaux; pas autre chose. Laissez-vous guider par l'instinct, plus que par la réflexion, dans le choix de ce qui mérite d'être conservé ou rejeté.

Le lendemain, avant la lutte pour l'existence, en plein recueillement, à tête reposée, examinez vos notes, les signes hiéroglyphiques de la veille; voyez ce que vous pourrez en tirer.

N'allez pas d'un seul coup jusqu'au bout de votre idée, réservez une suite pour demain; c'est maintenir le lien de la vie entre hier et aujourd'hui. N'enlevez pas tout le miel de la ruche, laissez-y un rayon. Ne cueillez pas la fleur trop près de la tige, et vous serez tout surpris d'y retrouver à l'aube de nouveaux bourgeons. Il se fait en vous et autour de vous un mystérieux travail de la nature qu'il ne faut ni hâter ni épuiser.

Dites-moi la naissance des idées, comment elles se forment dans notre cerveau, pourquoi elles deviennent tout à coup si impatientes d'en sortir, de voir le jour, qu'on est forcé de saisir un crayon et de les fixer sur le papier? Expliquez-moi le phénomène psychologique et physiologique. On dirait qu'en temps d'inaction, la pensée est dans le cerveau à l'état de nuage. Puis, à un certain degré de chaleur, par un choc d'électricité, le brouillard se résout en pluie; il pleut des idées.

Le premier précepte de l'écrivain, de l'artiste, c'est encore et toujours le Vrai. Écrire ce qui est, ce qu'on sent. Ne pas se préoccuper de plaire ou de déplaire.

L'opinion publique doit être respectée par les natures les plus indépendantes, voici à quel point de vue : l'opinion publique réfléchit la conscience universelle. Il n'est que juste d'en tenir compte; on y trouve l'aveu ou le désaveu des actions, des idées sur lesquelles on est incertain. Si elles sont de nature à être avouées hautement au besoin, soyez sûr de leur noblesse. C'est une démonstration mathématique, pour en éprouver la valeur. Si, au contraire, vous avez la moindre hésitation en songeant à ce verdict idéal, tenez pour certain que ces sentiments ou ces idées ne sont pas strictement conformes à l'équité.

Toute impression très vive, très salutaire épanouit l'esprit, comme une matinée ensoleillée ou la pluie printanière transforme le bourgeon en feuille, le bouton en fleur. Une lecture fortifiante, une noble joie, et surtout la divine musique font monter tout à coup l'intelligence d'un degré. Cette floraison de l'âme dure plus qu'une saison ; elle remplit la vie, elle crée l'œuvre immortelle.

Ce qui surnage dans les chefs-d'œuvre de la langue, ce sont les pensées et les images vraies, naturelles, nettes. Il est donc possible, sans avoir du génie, de faire une œuvre durable, si l'on a en soi l'amour du vrai et le discernement qui donne la clarté à la parole.

Sans doute, la douleur grandit le génie, mais il n'est pas absolument nécessaire d'être malheureux pour immortaliser sa pensée dans un chef-d'œuvre. Une grande âme aspire plus haut encore sous le coup de la douleur qui abat les petits, les faibles. Le sacrifice devient même un élément de bonheur pour les forts, car le bonheur, pour eux, c'est la paix de l'âme. On l'obtient par le sacrifice. O la vertu des amers ! la nature indique leur efficacité. Une âme héroïque consent à accepter la douleur. Souffrir par le cœur et par l'esprit, oui. Mais elle se réserve absolument la paix, les joies de la conscience.

L'esprit a ses habitudes, on l'a constaté chez

les plus grands penseurs. Combien plus les orga-
nisations, aujourd'hui si nerveuses, exigent-elles
des conditions particulières pour produire des
idées. Penser froidement, s'asseoir devant un papier
blanc, écrire froidement, me semble si difficile !
Il faut plutôt calmer le cœur, le maîtriser; alors
seulement l'esprit ressaisit la faculté de fixer le
sentiment qui déborde en présence de la beauté
morale ou plastique.

Un caractère calme, pondéré n'a vraiment aucun
mérite à poursuivre inaltérable la ligne de la raison.
L'homme passionné s'appelle *légion*; il n'est pas
seul; cent êtres divers s'agitent en lui, tous en
opposition, en lutte les uns contre les autres;
l'unité de la pensée en est profondément troublée.
De là cette extrême difficulté de maintenir la sérénité dans une œuvre. Mais aussi la vraie gloire,
c'est de réussir à maîtriser, à dompter, à harmoniser ces êtres divers; de leur imposer l'empire
de la raison, la mesure, et de conquérir ainsi cette
unité, suprême honneur d'une vie, et d'une œuvre
d'art.

On confond trop aisément l'imagination et la
passion. L'imagination est une faculté créatrice de

l'esprit, un don purement intellectuel. La passion, c'est la vie elle-même, à son plus haut degré de force et de puissance. Elle sert aux grandes actions, aux grandes œuvres, aux sentiments immortels. Impossible de concevoir un chef-d'œuvre où l'artiste n'a pas mis sa passion; mais on peut être un très grand citoyen et totalement dépourvu d'imagination.

Et qu'est-ce que la raison? C'est la faculté d'esprit qui applique les lois éternelles de justice et d'équité à tous les actes de la vie, à toutes les manifestations de la pensée. Ces lois, vraies dans tous les temps, dans tous les mondes possibles, vraies comme des axiomes de géométrie, principe de la création intellectuelle, pénètrent l'âme qui aspire à la perfection. Si elle les met en pratique, elle fait acte de Raison.

Avouons-le, ce n'est pas toujours la raison qui nous sert à triompher des obstacles. Certaines natures suivent leur instinct héroïque et dédaignent tout autre moyen d'action. Au fond, l'héroïsme est un courage surhumain qui vient parfois au secours des faibles et leur permet d'accomplir de très grandes choses.

Fortifier une faculté intellectuelle, c'est venir en aide à toutes les autres ; le principe qui les vivifie étant le même, la vie tout entière monte d'un degré. Comment acquérir les dons intellectuels qui nous manquent ? Est-ce en désespérant de les obtenir jamais ? C'est en cultivant d'autres qualités. L'éclosion morale, tant souhaitée, se fait presque à notre insu et au moment où nous y songeons le moins. Si le don de l'imagination, par exemple, nous est refusé, contentons-nous de nous rapprocher du Vrai, de le décrire. La plume ou le crayon qui s'en inspire est bien près d'atteindre les hauts sommets de l'art.

L'étude des mathématiques, de la géométrie surtout, peut être aussi d'un grand secours à l'écrivain. Oui, la précision d'esprit, la précision morale, c'est-à-dire la justice, aussi bien que la clarté, ont certainement une base mathématique. Rendre avec exactitude *ce qui est*, voilà déjà un acheminement au chef-d'œuvre en peinture, en sculpture et dans l'art d'écrire. Ce n'est pas une création proprement dite, mais une assimilation avec la nature, avec le réel. On est sur la voie créatrice, puisqu'on est dans le vrai.

Les mathématiques, base de toute science, font partie de l'art lui-même, au moins comme question de proportions. Ce sont les proportions qui décident la ligne de la beauté.

Envisagées à leur point de vue le plus élevé, les mathématiques n'ont pas seulement un intérêt scientifique ; elles fortifient le caractère, elles ouvrent des perspectives infinies à l'intelligence.

Pour réussir dans une œuvre, quelle qu'elle soit, il faut que l'esprit arrive à un certain équilibre, à cet état de santé intellectuelle qui lui permet de disposer de toutes ses facultés. Il n'est pas possible de créer seulement avec la fièvre une œuvre belle. Pour avoir voulu l'essayer, des écrivains ont abouti à l'incohérence. D'autres, très calmes et très bien portants, se figurant que la maladie est une fonction, que le génie c'est le délire, ont fait sciemment de l'art incohérent ; ils ont érigé l'insanité en précepte. C'est égal ; ils ne parviennent pas à communiquer au lecteur les impressions désordonnées, fiévreuses que veut rendre leur plume ou leur pinceau. On sent le parti pris, la démence à froid.

Dans l'extrême jeunesse, on est beaucoup plus frappé par les mots que par l'idée. Mais une âme pensive arrive peu à peu, grâce à l'harmonie ailée de la parole, à saisir l'essence même des idées et l'enchaînement naturel de l'une à l'autre.

Je parle d'autrefois ; aujourd'hui tout est bien changé ; les jeunes n'ont plus la candeur des *vieux*. J'en connais, qui ne peuvent articuler un mot s'ils ne sont éclairés, réchauffés par la sympathie humaine ; elle vivifie chez eux la faculté de penser. Pour eux, penser et aimer c'est tout un. Leur cerveau pétrifié n'est remis en mouvement que par un sourire bienveillant. Le sage n'a pas besoin de ce secours extérieur. Le sourire de la vérité lui suffit.

Pour tout écrivain la solitude est féconde ; il écoute les voix intérieures ; douleur ou joie, il s'en inspire. Les bruits des salons font fuir l'inspiration ; les gens du monde cultivent l'esprit comme une élégance, comme une fleur exotique pour orner leur jardinière de boudoir ; pour eux, ce n'est pas la plante nourricière à qui l'on demande l'aliment, le pain de vie.

Encore une fois, quel est le but de l'écrivain ? est-ce la gloire, est-ce la fortune ? Oui, la plupart du temps ; mais il en est qui loin d'être possédés par la manie d'écrire ne le font qu'à regret, avec un certain effort, et uniquement pour lutter contre le faux.

Jusqu'ici le seul antidote contre la profonde immoralité de la basse littérature, ce sont les concerts populaires; ah ! si la parole humaine pouvait créer aussi des symphonies capables de charmer et d'élever les cœurs !

Vous dites que le premier mobile de l'écrivain, c'est l'amour de l'art? Quoi, ce n'est pas l'amour de nos semblables? Non, sans doute; je ne définis pas des saints, mais des artistes; le penseur lui-même appartient à l'art, mais à un art immatériel.

Moins on écrit, plus on pense; la plume tue souvent l'idée. Y a-t-il un lien entre l'inspiration et le beau temps? Je ne le crois pas; le ciel gris, la pluie, la neige n'ont jamais empêché une pensée de naître; mais les soucis ou une mauvaise santé étouffent l'inspiration sous de noirs brouillards.

Il est certain que les pensées germent plus facilement dans l'air matinal, à l'aube du jour, et dans un cerveau à jeun.

Chose étrange, la plupart des hommes très cultivés, trop civilisés, ne prennent une âme que la plume à la main; le reste du temps ils se volatili-

sent par le scepticisme. Tel moraliste écrit une fois
par an une page sur le Devoir; puis sa pensée ne
fonctionnera plus, bien que ses lèvres continuent à
remuer et à murmurer des mots de convention,
d'une science toute faite. Le tourbillon mondain
agit sur son cerveau et disperse toutes ses idées.

La pensée a besoin d'un abri tranquille, nid ou
branche, pour commencer son chant. L'inconnu et
le bruit l'effarouchent; alors elle se tait.

Pour écrire des choses utiles ou agréables, il faut
se trouver dans un état d'équilibre du corps et
de l'esprit; comment exprimer des pensées justes,
si on est anéanti par la fatigue ou l'insomnie?

La tempête, qui peut l'aimer? A l'entrevoir du
fond d'un abri sûr on éprouve un plaisir d'artiste;
mais qui la désire autour de soi? On la subit cou-
rageusement si elle est déchaînée, on ne la cherche
pas. Elle ne mène à rien, elle ne produit rien; il
faut du calme pour faire fructifier une pensée. Aimer
la paix, lui tout sacrifier, excepté la vérité et le
devoir, à ce signe on reconnaît le penseur.

Les soucis qui s'abattent sur le cerveau sont
presque palpables et ne méritent pas le nom de
pensées. C'est la poussière qui s'élève de terre sous

chacun de nos pas et qui tourbillonne dans l'atmosphère. L'air en devient pesant, étouffant. Oui, cette
image est juste : c'est le sol terrestre décomposé,
foulé, pulvérisé par les pieds humains que l'esprit
respire, au lieu du souffle matinal chargé des sen-
teurs de la prairie.

Il faut écrire ses impressions sur les lieux mêmes,
instantanément. Si l'on écrit de souvenir, c'est
comme pour la transmission de la force motrice à
distance, la moitié se perd en route.

O les chères promenades matinales où dans la
fraîcheur des sentiers et le silence des champs, on
entend tout à coup la voix des bouviers, des laboureurs qui aiguillonnent l'attelage des charrues! De
temps en temps une bonne pensée voltige au-dessus
de ma tête, je la saisis au passage et la fixe comme
un papillon par une épingle.

D'où vient-elle? des buissons de chèvrefeuille,
de la haie de mûres sauvages, du sillon où le
pavot rouge et le bleuet sourient dans les blés,
mais surtout de ces fouillis de verdure qui encadrent les ruisseaux transparents, parfumés de
menthes et de mélisses.

Quand on n'aurait recueilli qu'une seule pensée

dans la promenade matinale, il faudrait se tenir satisfait : c'est comme un sourire, une bénédiction de l'être qu'on aime au-dessus de tout et qui illumine votre journée. C'est un ami sûr qu'une pensée toujours en éveil; elle apporte des consolations secrètes, réconfortantes, au milieu des vulgarités de l'existence. Une conscience nette, un esprit nourri de saines lectures, un cœur aimant, nous conservent la faculté de cueillir cette fleur, cette pensée née dans les sentiers trempés de rosée.

O ces promenades de juillet, comme on y pense dans les tristes jours d'hiver! Comme on repasse, en souvenir, dans les sentiers où le char des moissonneurs laisse des épis accrochés aux branches des arbres. Comme on revit ces heures où le silence n'est troublé que par l'exhortation du laboureur aux bœufs de la charrue.

Je vois bien ce qui a fait l'immense fortune littéraire de Virgile; ce courtisan d'Auguste adoré comme le dieu de la poésie, adoré à la fois par ceux qui aiment la liberté et par ceux qui la détestent. Virgile est la voix de la nature, le chant des prairies, des montagnes, du printemps et des fleurs. Par la beauté et la richesse des images bien plus que par les pensées il est à la portée de tous les âges, de tous les peuples. Mais ne lui demandez ni héroïsme, ni austérité.

Ce n'est pas en cherchant qu'on trouve, quoiqu'en dise l'Évangile. Les peintres peuvent planter leur chevalet en face d'un paysage et dire : il faut que je rende tel détail. Je veux copier la nature littéralement.

Il en est autrement pour la pensée. L'inspiration, les éclairs de l'âme, l'explosion de l'enthousiasme, voilà d'où naîtra la vraie poésie.

Celui qui s'applique à chercher trouvera des redites, des banalités. On dit : la vérité est une. Pourtant il y en a de natures diverses; il en est de saintes, d'immortelles, d'autres purement terrestres. L'image de *ce qui est* n'est pas *toute* la vérité. Il y a encore ce qui *devrait* être; ce qui sera un jour. Il existe des vérités supérieures; le héros de la pensée, le poète prépare l'avènement de cette vérité purement idéale, il travaille à la rendre réelle, à consacrer son règne.

Ah! que la vie est belle par l'emploi intellectuel de chaque minute qui nous est accordée, même dans une vie tout intérieure, silencieuse. Mais pour être utile, elle demande à s'exhaler.

Il arrive parfois que la vie de la pensée est presque suspendue. A quoi tient cette aridité d'esprit navrante, ce désert qu'on traverse, cette inertie après des mouvements si tumultueux? Peu à peu le travail, la lecture ramènent l'équilibre. Un sage l'a dit : « Les saints eux-mêmes ont passé par ces stérilités d'âme, il faut les supporter avec résignation. » Sentir renaître l'activité d'esprit, l'intensité de vie dans la pensée, quel bonheur! Si on analysait les causes, on découvrirait d'abord plus de confiance en nous-même après un premier succès; puis les aliments nouveaux dont le cerveau s'est nourri. Des occupations trop uniformes et surtout les soucis l'appauvrissent. Comme le son évoque un autre son, la pensée éveille une autre pensée.

Allons, courage! Le travail aride peut encore être suivi par une floraison de la pensée! Cherchons notre appui non seulement dans une bonne conscience, mais dans la joie de l'esprit. Attachons nos regards sur le Beau Éternel, il nous empêchera de trop souffrir des misérables menées humaines et nous donnera la paix.

L'inquiétude de se sentir à mille lieues de toute inspiration est aussi une cause de stérilité. L'inspiration, c'est l'Amour venant visiter Psyché; il s'envole à jamais si on le regarde. Il veut être aimé, il ne veut pas être vu et disparaît dès que l'on constate sa présence. Oui, le charme et la fraîcheur de l'inspiration consistent précisément dans ce mystère.

Il y a des esprits à la fois métaphysiques et administratifs qui ne croient pas à l'inspiration. Ils n'ont pas ce don et ne peuvent le concevoir chez les autres. Dans leur cerveau où tous les casiers sont étiquetés, les facultés diverses s'exercent bien pondérées; ou plutôt c'est un équipage qui manœuvre avec précision, le navire avance contre vents et marées. Quelle différence avec une âme passionnée, logée dans un organisme trop impressionnable! C'est par éclairs que l'inspiration lui arrive, un choc d'électricité dégage la vérité, la pensée juste et belle qui flottait inconsciente et encore obscure.

Il vient un âge, dites-vous, où le plus grand bonheur c'est de produire. Non; les années n'y sont pour rien. Vivre par la pensée, c'est la vraie vie;

un esprit actif, un cœur vivant ne met rien au-dessus. C'est, dans l'ordre intellectuel, absolument ce que les bonnes actions sont dans la vie réelle : un accomplissement de la destinée humaine; une floraison de l'intelligence qui donne ses fruits après les fleurs. C'est une ambition sacrée de suivre la loi génératrice de l'intelligence et de prendre place dans le chœur invisible des idées. Notre vie si courte ne laissera-t-elle aucune trace sur la terre? Pour les uns, de chers enfants continueront l'existence; pour d'autres, à défaut d'actes glorieux, quelques nobles pensées survivront à l'être mortel.

L'esprit humain peut se comparer aux sources cachées sous terre, à ces nappes d'eau souterraines qu'il s'agit d'amener à la lumière : pour les faire jaillir il faut beaucoup d'œuvres d'art, une canalisation, des conduits, des bassins. Mais il y a des sources qui se frayent leur chemin toutes seules : on les voit sourdre d'un creux de rocher, claires et fraîches, intarissables, sans que la main de l'homme ait dirigé le cours de leurs eaux, elles arrivent au jour naturellement, sans fracas, modestes et cachées dans la mousse et les violettes. Ce sont des esprits qui ne doivent rien au travail de l'éducation, qui doivent tout à leur culture naturelle.

Il y a une grande jouissance à acquérir tout seul des notions qu'on aurait pu devoir à l'éducation première. Réparer les lacunes de l'instruction n'est pas humiliant du tout, quand même on serait avancé en âge. L'intelligence a pris une force de jugement qui donne un prix infini aux découvertes historiques ou philologiques qu'on fait soi-même. Toutefois il y a des études tardives qui coûtent beaucoup d'efforts et souvent d'inutiles efforts. Celles, par exemple, qui tiennent à la mémoire des mots. Aussi est-ce dès l'enfance qu'il faut exercer la mémoire. L'essentiel, c'est de donner à l'enfant l'habitude du travail, le goût de l'étude, la connaissance des langues vivantes, et surtout la connaissance de la langue latine cette base de l'instruction qui manque cruellement aux femmes qui s'adonnent à l'enseignement. Les mathématiques entrent également dans le bagage scientifique dont il faut munir de bonne heure la jeune fille ; plus tard elle se trouvera tout armée pour conquérir le vrai savoir, les hautes études. Ces éléments scientifiques lui seront d'une plus grande

utilité dans la suite que l'analyse minutieuse de tel
vers d'Alfred de Musset qui prend un temps consi-
dérable dans les cours de littérature.

Dans une riche nature les facultés qui n'ont pu
s'épanouir faute de soleil auront leur jour tardif
vers la fin de l'existence; mais il faut absolument
du calme pour faire éclore l'esprit de création.
Pendant la tempête et les convulsions de la douleur, on peut jeter de beaux cris; les cœurs en
sont touchés, mais le trésor intellectuel de l'humanité n'en est pas enrichi. Dante lui-même a mis en
vers ses plus terribles imprécations dans une heure
recueillie; Pétrarque a écrit ses sonnets dans des
moments d'apaisement. Celui qui souffre trop cruellement ne peut que souffrir, non chanter.

S'il arrive parfois à un pauvre être au désespoir
de réconforter les autres, c'est que son enthousiasme
est fait de beaucoup de souffrances vaincues, et
converties en force morale. De là une vertu com-
municative.

La simple lecture de la table de certains livres
de philosophie religieuse suffit pour rasséréner
l'esprit et réconforter le cœur; cette seule énumération des devoirs vous élève. O que le hasard est

bienfaisant (faut-il l'appeler hasard?) s'il a placé sous vos yeux, alors que vous étiez encore enfant, des pages d'une haute et sainte inspiration! Remerciez le ciel de vous avoir donné l'instinct du vrai, il vous aidera à rencontrer des génies de lumière, et vous fera reconnaître les esprits qui appartiennent à une même famille, ceux qui ont foi dans la vie éternelle. On se prépare ainsi un refuge de paix d'où l'on contemple le ciel moral étoilé de vérités; il nous donne ici-bas l'immortalité. Chaque matin, baignez votre esprit dans cette pure lumière, respirez cette atmosphère imprégnée de saines pensées, fortifiez-vous dans ces régions plus hautes que les cimes alpestres. Elles sont nécessaires ces heures où l'on vit pour son propre compte, c'est-à-dire pour acquérir un bien quelconque, ne fût-ce qu'une goutte de rosée qui alimentera la végétation intellectuelle. Commencez la journée par un recueillement divin. Je dirai qu'un livre didactique, tout d'analyse, nous fait mieux pénétrer dans cet univers moral que des pages littéraires éloquentes où la poésie, la beauté de la forme nous absorbent et nous font perdre de vue la ligne géométrique de la vérité. Un livre qui est une sorte de cosmos idéal force les plus ignorants à réfléchir, à sonder les lois qui règlent la constitution morale de l'être humain. L'âme apparaît alors comme le couronnement de la création, le plus accompli des globes célestes destinés à se mouvoir dans l'espace. Un des plus grands bienfaits de notre temps, c'est la vulgarisation des hautes pensées, autrefois réservées aux savants, confinées dans la poussière des bibliothèques, verrouillées, protégées par des fermoirs, comme des mystères sacrés, protégées surtout par l'obscurité du vocabulaire. L'*Impératif catégorique*, les *Postulats de la conscience*, autant de termes cabalistiques pour les ignorants. Mais toutes les libertés se tiennent; aujourd'hui la science popularisée a fait descendre l'abstraction des hauteurs inaccessibles où elle s'isolait.

Le laboureur qui a peiné toute une saison est enfin content lorsque sa grange remplie regorge de blé, d'avoine, de maïs, récolte qui lui a coûté tant de sueurs. Et le penseur se réjouit aussi lorsqu'à son retour des vacances il trouve ses cahiers débordant de notes, de saines pensées recueillies en plein champ. Le laboureur s'assurera facilement si ses épis sont bons, mais l'écrivain? C'est pour nourrir les indigents en temps de détresse qu'il emmagasine ses bonnes pensées, non pour les vendre.

On serait malheureux, si on prenait la plume avec une arrière-pensée de bruit, de renommée; la gloire ne va qu'au génie ou à ceux qui se conforment à la mode du jour; mais il est permis d'écrire sans autre mobile que de servir les idées vraies, de causer avec soi-même, de se démontrer ainsi qu'on vit, qu'on marche. Plus les autres oublient les choses éternelles, plus nous devons nous faire une loi de nous en souvenir.

L'instinct entre pour une grande part dans les conceptions littéraires et même dans toute découverte scientifique.

L'instinct est comme l'éclaireur qui précède l'armée en marche : il s'élance pour reconnaître la citadelle qui va être investie. L'instinct précède le travail d'esprit, la découverte : poètes, sculpteurs, inventeurs, le médecin surtout, tous ont constaté par expérience cette vérité.

Peu de gens pensent par eux-mêmes, si toutefois ils pensent. La plupart subissent momentanément l'impulsion extérieure d'un esprit qui les met en mouvement, comme on fait osciller un pendule. Mais cette comparaison même est trop à leur avantage; elle suppose un ressort intérieur qu'il suffit de remonter tous les quinze jours. Dans notre société industrielle, active, haletante, où chacun doit dépasser en vitesse le voisin, la vie est faite de telle sorte que le don de la pensée reste un trésor sans profit pour le travailleur. La vie de la pensée n'est cultivée que par nécessité, par ceux qui font profession de philosophie ou de littérature. Et encore! Les neuf dixièmes des hommes parlent, écrivent avec des phrases toutes faites, en circulation, appliquées selon les besoins du moment; trop heureux quand ils choisissent avec justesse et ne tombent pas dans une déplorable confusion de genres.

Ils sont à peu près dans la situation des illettrés qui s'adressent à l'écrivain public pour rédiger leurs lettres.

Dites-moi ce qui fait germer des idées nouvelles? —Le printemps, la vue des belles œuvres au Salon annuel, une soirée aux Français, les concerts du Conservatoire, et aussi, chose étrange, la contradiction dans les causeries. On fait un retour sur soi-même, on cherche à dégager le vrai et souvent on trouve du nouveau.

L'esprit a besoin de stimulant, sinon il tombe dans le marasme ; il n'agit que sous le coup d'une commotion électrique ; on est emprisonné par la solitude autant que par la maladie. Il en est ainsi non seulement pour les individus, mais pour la société tout entière.

Un livre, bon ou mauvais, pourvu qu'il soit clair provoque en nous la pensée ; elle est étouffée, noyée sous les détails obscurs, pédantesques, inutiles ; il lui faut un grand effort pour se retrouver. Ce qu'on peut dire de plus équitable pour cette sorte de livres, c'est qu'ils nous servent à nous contrôler nous-mêmes ; ils nous font apprécier ce que nous pouvons valoir par la justesse des idées et des sentiments.

Il y a certains travaux qu'impose le devoir, mais de nature si aride, qu'on en sort la tête vide, épuisée, et le cœur meurtri par un doute. Lequel ? On doute de ses facultés d'esprit ; on se sent plus capable d'action que de vie intellectuelle. On se dit : « Il n'y a sur terre rien de grand que je ne me sente la force de tenter, peut-être d'accomplir, rien, sauf un beau livre. Voilà ce que j'ambitionne et ce dont je désespère. J'ai réussi dans des entreprises qui semblaient impossibles; mon énergie, ma persévérance ont suppléé à tout. C'étaient des actes. Mais la pensée, l'inspiration, le don d'évoquer des pensées neuves, de les revêtir d'une forme belle, ah! cette inspiration-là m'est-elle refusée? »

Peut-être faut-il un certain temps pour que le cerveau redevienne capable de fécondité. Le repos des champs au milieu d'un beau paysage n'est pas tout. Commencez d'abord par supprimer la lecture des journaux; ces faits divers qu'on parcourt rapidement et qui ne laissent aucune empreinte, aucune émotion n'ont d'autre effet que d'obstruer le cerveau, comme une sciure de bois mort jetée sur les petites sources cachées dans l'herbe fleurie. Les masses énormes de lettres à écrire produisent un effet analogue.

Pour déblayer nos pauvres facultés ensevelies sous tant de décombres, le meilleur moyen, c'est une lecture nourricière de hautes pensées; mais il faut la prendre à petite dose. Les *Géorgiques*, les *Églogues* sont une bonne société à la campagne; on en retirerait quelque fruit en les lisant dans le texte. La majesté de la langue latine fait la moitié de la valeur de ces bijoux. Une traduction met en relief les défauts de Virgile plus que ses beautés. Pourtant la nature est prise sur le vif. Quelle page adorable sur le choix de l'emplacement pour les abeilles !

Lorsqu'on est bercé par cette magnifique langue virgilienne qui chante les plus délicieuses sensations en face de la nature, on oublie le dieu dont le poète célèbre les bienfaits, et dans quels temps il vante la douceur de la vie champêtre. Heureusement nul commentateur ne s'est avisé d'accompagner de notes historiques ces délicieuses Églogues. Dans la première, Mélibée gémit sur l'exil : il va abandonner les champs paternels; ils seront le partage d'un soldat inhumain; un barbare recueillera ces moissons. Eh bien ! n'est-ce pas Octave qui a dépossédé les paisibles possesseurs de ces contrées fortunées pour récompenser les cohortes qui l'ont aidé à détruire la République? Et le doux Virgile nous désarme par ses chants, et nous écoutons comme un hymne ces vers au proscripteur qu'il bénit : « C'est un dieu qui nous a fait ces loisirs ! Si je joue sur les pipeaux rustiques, tous les airs qu'il me plaît, c'est lui qui l'a « permis ».

Il ne s'émeut pas beaucoup du sort réservé aux malheureux concitoyens qui vont chercher un asile « chez l'Africain brûlé par le soleil, chez les Scythes, ou parmi les Bretons que la nature a séparés du monde ». Sa commisération va jusqu'à offrir pour une nuit au pauvre proscrit un lit de feuillage, des fruits mûrs, des châtaignes tendres, du laitage en abondance.

Mais comment résister à ces vers suaves :

« Et déjà tu vois au loin la fumée sortir de dessus les toits de ces hameaux, et l'ombre des montagnes s'allonger dans la plaine ! »

Si l'on réunissait les beautés éparses recueillies par Virgile dans ses contemplations de la nature, on serait étonné du petit nombre de couleurs qu'il emploie. Combien la palette moderne est plus chargée ! et quelle différence pourtant dans la distribution harmonieuse du coloris ! Chez Virgile, c'est le genévrier, le coudrier et le hêtre qui prêtent leur ombrage. L'abeille suce le miel du saule. Le berger cherche la fraîcheur le long des fleuves et près des fontaines sacrées. Parmi les fleurs, c'est l'anet, le pavot, la violette, les narcisses, le souci doré, rarement la rose. Les prunes et les châtaignes, voilà les fruits. Combien notre choix est plus riche !

Pour ressaisir l'équilibre de l'esprit, essayez aussi de lire chaque soir quelques pages de Platon. Je ne dis pas seulement le *Phédon*; il y a même dans la *République*, dans les *Lois*, des vérités éternelles qui vous transportent au milieu de la région familière aux sages, aux saints; elles vous calment et vous fortifient dans une idée impersonnelle de justice, qui vous fait braver le jugement des contemporains. Au milieu de la destruction universelle, on se sent invulnérable puisque la pensée est impérissable et tout le reste éphémère.

Nos sympathies pour un livre dépendent des affinités de notre esprit avec celui du penseur. Voilà pourquoi j'ai aimé à vingt ans le livre de Lamennais, *Essai sur l'Indifférence en matière de religion*, et plus tard l'œuvre de Platon. Plus je l'étudie, plus je suis frappée de la nature symphonique, musicale de l'éloquence platonicienne. Les *Dialogues* de Platon sont des symphonies, et cette définition est vraie aussi pour la *République*; sa dialectique fine, variée, si amusante parfois, fait songer aux modulations dont le musicien se sert pour passer d'un ton à un autre; elles charment l'oreille, mais le but véritable est d'arriver à un accord sublime. Une idée neuve, brillante, supérieure à toutes celles qui ont précédé, vient les couronner. Dans cette marche ascensionnelle le musicien ou le penseur fait des rencontres charmantes, c'est une mélodie, c'est une fleur de la pensée.

L'*Apologie de Socrate, le Phédon* ne sont pas des lectures consolantes pour ceux qui ont vu de trop près l'injustice, la persécution s'attacher à la vertu. Voilà pourquoi les *Lois* de Platon me paraissent une lecture préférable dans le cas dont je m'occupe.

Je comprends la poésie comme une réalité idéalisée; tout ce qui va au delà, toute exagération poétique me semble un rêve incohérent. Il existe un parallélisme très simple entre l'esprit et la nature : chaque phénomène physique a son analogue dans le monde intellectuel. De là naît une poésie naturelle et vraie qui coule de source. En même temps bien des questions psychologiques s'en éclairent.

La métaphysique a adopté des formules algébriques pour exprimer des vérités; si elle eût adopté des images prises dans la nature, elle

4.

s'appellerait poésie, elle serait accessible aux ignorants.

Est-ce moi qui me trompe? Je ne sais; mais nourrie par la parole chaude et colorée des maîtres d'autrefois je ne puis m'accoutumer à cette sécheresse d'expression de ceux qui prétendent nous parler de l'idéal. Que manque-t-il à leur phrase? tout, la flamme, la vie et la grâce.

Le don de la poésie aux premières heures de la jeunesse est parfois un instinct prématuré des profondes pensées qui conduisent à la philosophie. Si l'on observait judicieusement le goût des enfants on les guiderait mieux vers leur future vocation. J'ai connu une petite fille qui lisait avec passion la table des matières d'un livre de chimie. Qui n'eût cru à des dispositions scientifiques? Pas du tout. Ce qui frappait l'enfant c'était l'analogie du visible et de l'invisible.

Cette analogie entre le monde extérieur et la vie morale est si frappante qu'elle se présente tout naturellement même à ceux qui n'ont pas le don de la poésie.

Est-il vrai, oui ou non, que le sens moral d'une nation est soumis à des influences hygiéniques, salu-

taires ou morbides, tout comme la santé publique?
Dans les années bénies où rien ne trouble le cours
régulier des saisons, où le printemps radieux prolonge le charme de la floraison, où l'été avec les
feux de juillet mûrit les moissons et les fruits, où
l'automne vermeil enrichit les vendanges et les
semailles nouvelles, où l'hiver enfin déploie son
manteau de neige et fortifie de sa froide haleine la
terre épuisée, dans ces années les lois se sont sui-
vies naturellement et ont agi sur la santé publique.
Le contraire arrive quand l'ordre normal est renversé; un printemps glacial, un été pluvieux, un
hiver tiède déchaînent mille causes de maladies.

Eh bien! il en est de même pour la santé morale
d'une nation. Les années sont bonnes, si cette
nation accepte l'influence des écrivains dont l'œuvre
est pénétrée de sagesse et d'amour. Les années
sont mauvaises, si elle subit les sophistes qui
renversent l'ordre de l'univers et dont l'œuvre
ressemble à la végétation luxuriante des marécages.

Comment s'expliquer la magnifique floraison de
l'esprit humain à telle époque plutôt qu'à telle
autre? Les causes en sont très mystérieuses. Il est

certain qu'un heureux mélange de prospérité nationale et de culture d'esprit détermine l'explosion d'un printemps ou d'un renouveau dans le génie d'un peuple.

Pourquoi en faire honneur aux conquêtes militaires? Attribuer aux victoires de Louis XIV la pléiade des esprits immortels dont la gloire rejaillit sur lui serait aussi exact que d'attribuer à Néron ou à Domitien les chefs-d'œuvre de son temps. Les Tacite, les Pline, les Suétone, les Quintilien, les Arrien, les Épictète ont suivi de près Cicéron, Catulle et le plus aimé de tous, Virgile.

Il faudrait, de même, faire honneur à Napoléon des génies contemporains de ses batailles, Chateaubriand et madame de Staël.

La grandeur philosophique de l'Allemagne est l'œuvre de notre grand xviiie siècle, de l'Encyclopédie, de Voltaire et de Rousseau. Fichte, Kant, Gœthe, Herder doivent tant, par filiation, au génie de la France! Pendant qu'un despote glorieux changeait la direction de l'esprit français et mettait en poudre tous nos axiomes philosophiques, l'Allemagne les recueillait, les condensait dans ses livres.

Chez nous l'époque napoléonienne a produit une solution de continuité dans la philosophie du xviiie siècle; mais l'influence de cette philosophie s'exerçait ailleurs; les découvertes de Lamarck et de Geoffroy Saint-Hilaire ont servi à Darwin et à Gœthe. L'esprit nouveau nous est revenu indirectement, comme ces sources souterraines qui reparaissent à la lumière quand les commotions terrestres sont apaisées.

Un moment arrive où la culture d'esprit d'une époque se résume dans une société d'élite.

C'est à la Renaissance qu'on doit la création des chefs-d'œuvre modernes. Elle a restitué au monde les trésors de la vie antique; elle a inspiré, après Montaigne et La Boëtie, Corneille et Racine. Les femmes illustres aussi lui doivent tout : après les Olympia Morata et les Charlotte Duplessis-Mornay cette éducation supérieure a produit la perfection littéraire de madame de Sévigné et de sa société. La culture d'esprit des femmes atteste une époque de lumière; l'initiative d'un homme de génie et de goût peut favoriser cet essor ou l'arrêter : Richelieu et Louis XIV ont eu une influence heureuse sur les lettres; Napoléon avec sa rudesse militaire et son mépris des idéologues a immobilisé les esprits.

Je crois que les époques de l'Histoire peuvent être classées non seulement d'après les événements politiques, mais d'après la mort des grands hommes. Leur disparition de cette scène où ils ont régné amène dans l'espace comme une sorte de perturbation atmosphérique; le rayonnement du calorique cesse en même temps que la présence de l'astre. Sans doute l'œuvre continue encore son influence, elle éblouit, elle charme le monde; souvent elle décline, parfois elle augmente de puissance, mais l'action personnelle du poète, de l'écrivain meurt avec lui.

Il n'est plus là le sublime penseur! Avec lui a disparu le prestige qu'exerçaient la douceur, la noblesse, la vertu empreintes sur sa figure et dans sa pénétrante éloquence!

Il n'est plus là le majestueux vieillard, avec son auréole de gloire, trônant au-dessus des rois et des empereurs, entouré de courtisans, d'adorateurs fanatiques, recevant tous les soirs, pendant soixante ans, l'Europe, le Nouveau Monde dans des salons trop étroits pour contenir le flot des admirateurs! Cette hospitalité souveraine fait autant pour la popularité que les belles œuvres. L'action directe de l'homme de génie sur la foule a une très grande importance pour son époque. Le respect de l'intelligence, le culte de la perfection littéraire, marquent d'un sceau de noblesse la société qui adore une idole en or pur, et qui s'en enorgueillit. Aussi quelles incalculables conséquences la mort de ce souverain incontesté entraîne avec elle! La succession est ouverte, et c'est la médiocrité qui va occuper la place du génie. L'habitude était prise; les hommes qui ont besoin de se grouper autour d'un centre littéraire ou politique portent leur encens au plus habile, à celui qui saura dissimuler sous des formes harmonieuses le vide et la fausseté du fond; et ils acceptent la nouvelle idole. Il en résulte pour l'esprit public une décadence, il descend de plusieurs échelons. La société n'aspire plus aux cimes depuis que l'homme de génie ne l'y attire plus. Et voilà une époque historique toute différente qui commence pour un pays.

J'ai parlé jusqu'ici de gloire littéraire; que serait-

ce si je touchais aux questions politiques et morales?

Un cataclysme a renversé un ordre de choses
qui eût fondé la vraie civilisation. L'enseignement
dés apôtres de la vérité, de la justice a été brusquement interrompu pendant un quart de siècle, mais
leur influence sur la jeunesse s'exerçait encore
parce qu'ils vivaient. Hélas! une fois disparus, la
nuit s'est faite. Et voilà une décadence plus irré-
médiable encore.

De tout cela je conclus qu'un peuple a la vie
trop courte pour réaliser les programmes immenses
tracés à l'humanité depuis 89 par les fils de la
Révolution. Oui, les générations successives accom-
pliront une à une ces réformes, et c'est en ce sens
qu'Edgar Quinet a dit : « La Révolution n'est pas
achevée. Il faut la continuer. »

La mort d'un grand homme, c'est en même temps
la fin d'un âge. Actif ou retiré de la lutte, sa présence entretient la tradition des jours glorieux et
une sorte d'atmosphère de gloire. Lui mort, la rose
des vents tourne, le souffle de la médiocrité arrive
de tous les coins de l'horizon, à moins que par
un élan de piété, d'enthousiasme, les contempo-

rains n'entrent dans le sillon puissant tracé par le maître immortel.

Je voudrais me figurer l'état d'esprit de Victor Hugo dans sa dernière année. Il n'était pas du tout diminué. Non. Les facultés maîtresses de la vie empiètent sur nos autres facultés à mesure que nous avançons en âge; les traits s'accusent, les défauts et les qualités aussi. Victor Hugo, à quatre-vingt-trois ans, a dû replier en lui-même sa pensée. Ne pouvant plus, désormais, la répandre dans une œuvre, faute de forces vitales, il vivait concentré dans sa pensée comme dans un brouillard lumineux. Le point central, c'était l'idée fixe de son apothéose. Le jugement de la postérité le préoccupait. Que dirait, que penserait l'avenir?

Lui mort, l'immortalité serait-elle vraiment ce que lui promettait un règne de près d'un siècle? Victor Hugo avait non seulement du génie, mais un esprit naturel qui entrevoyait toutes choses, même ce qu'on aurait pu lui contester.

Il voulait l'immortalité d'Homère, de Virgile, de Dante; en était-il aussi sûr que de cette immortalité déjà goûtée de son vivant? Il était certain de vivre toujours dans la mémoire des hommes,

mais jamais dépassé? Voilà le point d'interrogation; voilà l'idée fixe qui brillait au centre de cette
photosphère où il respirait. C'étaient là ses dernières méditations, immobile comme une statue
sublime faite de gloire condensée.

III

REGARDE DANS TON COEUR ET ÉCRIS

J'observe avec un intérêt passionné le mouvement intellectuel de la jeune génération, parce que
j'ai assisté pendant quarante ans aux efforts de deux
grandes âmes pour régénérer notre pays. Ils ont
consacré à la jeunesse française toutes les heures
de leur noble existence; jamais il n'y eut sur la
terre un plus profond amour du Vrai et du Beau
que chez ces apôtres de la Justice et de la Liberté.
L'antiquité seule a offert ce type. Parmi ces grands
hommes du passé les uns ont été récompensés par
une gloire immédiate, les autres ont subi le martyre; mais ils ont fondé une religion; leur mort a
sacré l'œuvre. Qui ne sacrifierait sa vie à ce prix?

Depuis, nous avons revu cette éternelle histoire :

les faux apôtres agir sur les jeunes esprits. C'était trop amer! Avec quelle joie je salue les symptômes de renaissance morale! Oui, j'espère. La jeunesse française suivra le haut idéal tracé par les maîtres d'autrefois.

J'entends dire de tel grand écrivain : « On ne le lit plus. On l'a lu. Il appartient maintenant au passé. » Quelle étrange théorie que cette division du temps! A quelle époque de l'histoire vit-on les contemporains se nourrir exclusivement de leurs propres œuvres intellectuelles et rejeter tout le passé? Cette ligne de démarcation entre hier et aujourd'hui dans le monde des esprits est impossible; ce serait la mort de l'intelligence. L'unité du progrès tient précisément à une végétation continue, normale de l'arbre; on ne le coupe pas sur pied quand il a fini sa saison de fleurs et de fruits. Le monde spirituel, la production littéraire marche parallèlement avec la création organique; la loi, c'est la succession des êtres, l'enchaînement de l'organisme. De même pour l'enchaînement des idées; elles sont nées les unes des autres avec plus ou moins de variété, s'écartant ou se rapprochant du type de la beauté. L'écrivain doué d'un vrai talent est une des forces latentes de ce cosmos intellectuel qui renouvelle sans cesse les œuvres, indépendamment de la gloire littéraire qui rejaillit sur l'individu.

Rallier les âmes autour d'un point fixe, d'un principe sacré, voilà la pensée qui est au fond de nos sympathies et qui en inspire les témoignages. Laisserons-nous notre France bien-aimée devenir la proie des idées malsaines ? Partout où nous voyons poindre une lueur de vérité, tâchons de la faire grandir pour qu'elle devienne lumière. Ah ! c'est pour cette Patrie si chère, bien plus que par ambition personnelle qu'un jeune homme doit souhaiter le talent, le succès. Dans une nature généreuse, voilà quel est le premier mobile de l'action.

Rien de plus urgent que de ramener la sincérité, la simplicité dans une société factice ; l'esprit y devient grimaçant, avec des prétentions colossales.

La grande préoccupation des jeunes écrivains est de trouver une forme nouvelle. Sans doute, rien ne vit que par la forme. Mais de ce qu'une certaine forme a reçu sa consécration éclatante par des chefs-d'œuvre, il n'est pas dit qu'on ne doive plus jamais s'en servir. La pensée nue commence par se vêtir

n'importe comment, malgré notre désir de choisir
la draperie la plus artistique, toute différente de
l'arrangement banal, convenu. Il n'est pas facile
d'improviser la perfection. On risque, au contraire,
d'échouer dans l'excentrique. Rester très naturel
est plus prudent; des lignes simples, des proportions bien gardées se rapprochent mieux du Beau
idéal que les écarts d'imagination hasardés pour
inventer du nouveau. On a plus de chances de ne
pas se démoder.

La préoccupation de découvrir un genre que les
maîtres ont ignoré devient une manie générale, en
littérature, en musique. Dans l'art d'écrire la difficulté augmente, car les chefs-d'œuvre modernes
sont nombreux. Eh bien! je crois qu'on a tort de
chercher un style nouveau. L'inspiration y fait plus
que l'étude; l'écrivain, tout comme le musicien, finit
par avoir son heure alors qu'il l'espérait le moins.
Que sert de se croiser les bras, de stériliser son
esprit par l'attente, ou par la fiévreuse recherche
d'une forme qu'on ne peut créer d'un coup de
baguette?

L'essentiel est de posséder un sentiment très
fort qui demande à naître. Pour l'exprimer, employez

le langage le plus simple, dans des termes accessibles à tous, si vous vous proposez réellement d'instruire ou de consoler le lecteur, au lieu de l'étonner ou de le terrifier. Vous serez dans tous les cas plus près du vrai, et même plus nouveau, en renonçant aux procédés usités dans l'école à sensations.

Commencez par faire un retour sur vous-même. Interrogez-vous. Quel est votre dessein en écrivant? Êtes-vous poussé par une vocation irrésistible? Avez-vous à dire des choses utiles et intéressantes? Est-ce l'art pour l'art tout seul qui vous met la plume à la main?

Pour être écoutée à tout prix la littérature actuelle cherche des moyens extraordinaires, inconnus, capables de fixer l'attention blasée. Frapper les esprits, voilà le procédé. Il arrive ainsi, par un juste retour des choses d'ici-bas que le cercle des insanités est fermé; plus rien de nouveau sous le soleil de l'école naturaliste, le serpent mord sa queue.

Ce qu'il y a de neuf, d'original, c'est de revenir à la droiture, à la raison.

Souvent un écrivain s'empare d'une idée paradoxale et la développe sans le moindre scrupule. Il est de mode aujourd'hui d'adopter, par transposition, le langage d'un art spécial pour l'appliquer à un autre art. Ainsi l'analyse musicale, le jargon technique de la peinture, la terminologie des sciences physiques, les procédés du style littéraire se substituent les uns aux autres. On définit l'œuvre du poète avec des termes physiologiques, la peinture avec des expressions de musicien, la musique avec un langage scientifique. Dernièrement on nous expliquait Victor Hugo par l'optique ; tout son génie tenait dans la rétine de son œil. Cette thèse, soutenue avec agrément, peut être trouvée ingénieuse, mais elle n'est pas vraie du tout. Est-ce que vraiment le sens de la couleur manquait à l'organe visuel du poète ? Je crois plutôt qu'une imagination puissante se suffit à elle-même. Le poète regarde moins le monde extérieur que cet univers intérieur où passent des visions plus éblouissantes que la nature. Tout poète est un rêveur, dit-on, incapable de peindre la réalité des choses. Dites plutôt que le privilège du poète de génie c'est de n'avoir pas besoin de modèles pour ses peintures ; il les voit en lui-même, dans son cerveau. Il n'a pas besoin de copier la création ; il est lui-même un créateur, le rival du Créateur. Il referait au besoin l'univers. Victor Hugo savait fort minutieusement entrer dans le détail des choses, ses descriptions le prouvent surabondamment. Edgar Quinet, dans ses travaux militaires, n'a négligé aucun des points techniques concernant les questions de stratégie. Un poète peut être exact comme un officier instructeur.

Il y a des esprits tellement détachés de toute ambition littéraire que le seul bonheur de vivre en face des vérités éternelles leur tient lieu de succès. S'ils ont du génie, ils appartiennent au groupe des inventeurs immortels, des bienfaiteurs de l'humanité. Mais je ne m'occupe ici que des jeunes gens qui voudraient écrire, enrichir le domaine des lettres. Certes, à moins d'être doué exceptionnellement il ne suffit pas de se placer devant une feuille blanche pour qu'elle se couvre aussitôt d'inventions amusantes ou dramatiques. A défaut de la mine précieuse d'un Alexandre Dumas, vous possédez un cœur jeune, aimant; peut-être est-il déjà meurtri par la vie; que votre cœur soit la source unique de l'inspiration. Au seuil de l'inconnu le rêve aura toute sa fraîcheur du printemps, rien ne l'a terni; même après une déception le cœur trouvera des accents éloquents pour mettre en garde les âmes inexpérimentées.

Si l'on cherchait à démêler l'inspiration première d'un écrivain de noble et grand talent, on trouverait chez lui la bonté, la générosité. Mais on ne découvrirait que sécheresse et vanité au fond de ces réputations à grand fracas qui doivent leur succès à l'immoralité.

Rassurez-vous donc si la forme nouvelle ne surgit pas au gré de vos désirs : vous possédez l'essentiel, un sentiment vrai comme muse inspiratrice. Vous réussirez.

C'est là peut-être tout le secret de cette perfection d'une catégorie de livres qui sont l'honneur de notre temps; l'amour de la jeunesse les a inspirés. Ouvrez au hasard la riche collection des livres d'étrennes pour les enfants, pour les jeunes filles jusqu'à l'âge de quinze ans. C'est une joie de constater le talent, l'intérêt palpitant de ces histoires; leur nombre progresse chaque année. Longue serait la liste des femmes distinguées qui se consacrent à l'amusement et à l'instruction de la jeunesse; je prends un extrême plaisir à ces lectures.

Eh bien! ces délicieux livres ne prouvent-ils pas que le même talent pourrait créer des romans très intéressants et pourtant honnêtes? Ces deux termes s'exclueront-ils toujours?

Quel talent prodigieux gaspillé en peintures sensuelles et brutales! ou bien dans ces perpétuelles histoires de trahisons et de vices élégants.

Quand on a dévoré ces romans fiévreux écrits et lus dans le vertige, on en veut au romancier dont la plume fine et souple, parfois magistrale, a tracé les portraits de séduisantes pécheresses; elle serait digne d'évoquer une de ces nobles héroïnes qui représente la passion et l'honneur même. Pour mieux exprimer ma pensée je rappellerai l'immortelle création de Monime du théâtre classique [1].

Il n'est pas possible que la littérature du peuple le plus délicat, le plus chevaleresque, ne produise désormais que des romans pervers. On est sur une pente fatale; des romanciers aimables, très honnêtes se laissent entraîner à leur tour. Être soupçonné d'idéalisme! Quel ridicule!

1. Et tout récemment la noble figure de Corona dans le roman *Saracinesca*.

Essayez une autre voie. Le moment actuel est propice; [nous assistons à un commencement de transformation dans l'éducation qui, par ses résultats encore incomplets, offre des spécimens plus variés, plus originaux, que les types plus ou moins imités de George Sand.

Si j'avais du talent et si j'étais romancier je regarderais très haut pour choisir mes modèles, et je trouverais dans la réalité l'idéal de la femme française que je voudrais peindre :

Jeune fille, nous l'appelions Consuelo pour sa belle voix profonde et grave, harmonieuse comme sa personne. De profil, c'était une pure médaille de la République; de bronze aussi était son caractère. Romaine par la fermeté d'âme, figure de Sophocle par la tendresse filiale et fraternelle, une vraie Française par le charme; elle revit dans ses deux filles.

Bien différente est la destinée de cette vaillante Parisienne dont Saint-Simon seul aurait pu faire le portrait. A seize ans une petite fée (et les seize ans durent toujours), soumettant les cœurs moins par sa beauté que par la puissance de ses enchante- ments; lesquels? La bonté; avec cela un caractère délicieux, enjoué, un esprit éblouissant, des reparties originales, fines, amusantes, des yeux pétillants de malice et de gaieté; des cheveux noirs d'ébène, un type d'Arabe ou d'Arlésienne; ardente républicaine, très démocrate et très grande dame; si charmante dans ses réceptions mondaines qu'elle semble née uniquement pour présider aux fêtes princières; d'une activité dévorante pour toute œuvre qui sert les malheureux et qui fait aimer la République.

Et cette blanche statue, calme et souriante, dorée d'un rayon de soleil florentin, avec l'allure d'une souveraine, une douce majesté qui s'harmonise aux splendeurs officielles et la rend supérieure à mainte princesse née sur le trône; simple et vraie au milieu des grandeurs; artiste de talent et la modestie même; ange gardien de l'homme d'État dont elle porte fièrement le nom, digne de son courage aux heures tragiques.

Et la belle moissonneuse de Léopold Robert, aux tresses blondes comme les épis! Elle fait rêver à la vie des champs, aux courses pédestres dans les Alpes; son sourire d'enfant, ses joyeuses causeries de bon camarade font oublier l'exquise musicienne; son éternelle jeunesse est la joie de ceux qui l'aiment.

Et cette grande dame protestante, royale figure de la révocation de l'Édit de Nantes ! En elle revivent ses illustres aïeules de la Réforme, et les héroïnes des Cévennes. Du XVIIe siècle elle a gardé les traditions de cour, la foi calviniste et l'âme intrépide d'une Charlotte Duplessis-Mornay, avec un esprit ouvert à toutes les lumières modernes, une tendresse de cœur pour les vaincus d'une cause sainte.

Et cette figure sculpturale, superbe, cette majestueuse beauté, sereine et consolante comme une statue de l'Immortalité !

Que d'autres types vivants pour une galerie de portraits ! Mes esquisses sont à peine ébauchées.

Je donnerai au moins un souvenir à celle que la mort vient de nous arracher : Elle était la grâce même ; elle avait un si grand charme de figure et de manières, son extérieur était si séduisant, ses talents si divers, surtout en musique et en peinture, qu'on ne songeait pas au fonds sérieux de son âme, ni à la hauteur de ses pensées. Son goût exquis de toilette, son élégance raffinée, sa passion de bibelots, de fleurs et d'oiseaux, dénotaient plutôt une nature d'artiste. On oubliait ce qu'elle n'oubliait jamais, les devoirs supérieurs de la femme, de la mère, de la fille dévouée. Autant la plupart des belles dames cherchent à dissimuler leurs enfantillages par des airs d'emprunt et de gravité, autant elle gardait pour son for intérieur les aspirations idéales, les habitudes d'une vie laborieuse et modeste et se dépensait en paroles aériennes, en fantaisies juvéniles, d'une sociabilité qui la faisaient juger comme la femme du monde par excellence. En elle que de vertus solides! bienveillance, douceur, courage; ne se plaignant jamais, admirant les autres, s'ignorant elle-même. Quand on avait passé une heure avec elle, on emportait un rayon, un sourire; c'était un charme d'amitié.

Aujourd'hui tout le monde écrit bien, parle bien. On est surpris de la variété d'éloquence des discours prononcés dans les occasions solennelles, officielles. L'esprit, le savoir fait le fond des discours; ce qui manque peut-être, c'est l'originalité, la profondeur, le grand souffle; l'haleine est courte.

Pour les lettres, il en est de même; la langue française est si naturellement éloquente, ingénieuse, aimable, qu'il n'est pas difficile d'écrire une jolie page. Pour peu que le cœur soit ému, la plume trace une sorte d'arabesque, où les mots gracieux, tendres ou poétiques viennent s'ajuster d'eux-mêmes.

Un écrivain consciencieux, véridique, porte dans son style, sans s'en douter, la révélation de son propre caractère, ses qualités, surtout ses défauts. Il en subit la peine pendant son travail. Si c'est une nature spontanée, toute d'élan, le premier jet donnera la meilleure forme de sa pensée; mais à une seconde lecture l'écrivain s'apercevra qu'il a été *au delà*. Les conventions mondaines, la réserve imposée par l'usage l'obligeront de contenir son émotion, de restreindre ses jugements; s'il mutile ses pages, elles perdent leur caractère primesautier, sans acquérir la pondération, l'aspect géométrique nécessaire. Alors que faire? Soumettre à l'épreuve du temps l'œuvre sur le chantier. Laissez-la dormir dans vos cartons; l'attente d'une année pour la revoir lui sera très profitable.

Que nous apprennent les tableaux, les chefs-d'œuvre des maîtres? C'est que l'esprit peut élargir l'horizon et le reculer à l'infini. Quand il croit avoir atteint le beau, il n'a fait qu'une première étape dans l'ascension de l'idéal. Toujours plus haut! toujours plus loin! le progrès sans terme, la vie sans fin, telle est la loi.

Ici une parenthèse. On mène les petits enfants au Salon annuel; quel avantage y a-t-il à commencer de si bonne heure? Mieux voudrait leur faire voir les Musées, mais à très petite dose. On regarde trop de tableaux à la fois. Même pour les grandes personnes une promenade au Louvre ou au Luxembourg n'est qu'une revue rapide, un livre feuilleté. Il y a autre chose encore. Sans vouloir faire de la peinture une spécialité, une vocation, elle peut servir à l'éducation de l'œil. Si vous n'avez pas le bonheur d'avoir un initiateur éclairé dont la parole vivante vous révèle tout un monde caché, ignoré, prenez un livre, par exemple *les Maîtres d'autrefois* de Fromentin; vous aurez en main un véritable microscope. *Avant* de l'avoir étudié vous regardiez un tableau avec toute l'attention dont vous vous croyez capable, et pourtant vous n'aperceviez rien que le sujet, le dessin plus ou moins correct, le coloris harmonieux, terne ou criard. *Après* l'avoir étudié vous verrez mille détails que vous ne soupçonniez pas. Une foule de points qui restaient obscurs pendant que vous contempliez une toile s'éclairent subitement. Sans adopter servilement certaines idées exagérées et même chimériques du peintre-écrivain, vous lui devrez un sens visuel nouveau.

Les questions d'art sont admirablement traitées de nos jours; il n'y a rien de neuf à tenter dans ce domaine; mais ailleurs que de vides à combler! Par exemple, les questions de justice et de vérité sont fort délaissées.

Ce qui sera toujours nouveau, dans le monde entier, c'est l'inflexible droiture de la conscience. En politique, comme dans la vie privée, les hommes célèbres que nous connaissons par leurs *Mémoires* ont presque tous varié. Leur esprit ne saurait être égalé, mais ils manquaient de caractère, et c'est ce qu'il y a de plus rare.

Voilà ce qu'on doit se dire aux heures de découragement où l'on doute de son propre talent.

Pour faire du nouveau la mode a adopté des couleurs fausses : le vert rouille, le jaune chaudron, le blanc crème, la fraise écrasée, le violacé, au lieu de l'émeraude des prairies semées de boutons d'or, au lieu de la blancheur des neiges ou des roses de

Bengale, ou des violettes et des bleuets. Sur la palette littéraire on choisit aussi des couleurs effacées. De plus, on préfère des saveurs aussi âcres que celle des noix vertes, des prunelliers sauvages : avec tout cela on fait de l'esprit, on exprime des sentiments !

Quant à l'amour du laid, cette théorie prêchée par l'École romantique ne pouvait se soutenir que par le génie. La chimie aussi transforme la suie des cheminées en couleur azurée ou rose. Mais dans l'emploi des facultés poétiques il y faut un véritable tour de force. Il y a là un plaisir analogue à celui de convertir le diamant en charbon et le rubis en alun.

Netteté, clarté, c'est l'essentiel, c'est presque tout dans l'art d'écrire, pour un esprit bien doué. Que faut-il encore? Une mine d'or dans les profondeurs de la terre, et au-dessus le ciel infini avec ses myriades d'étoiles. Quel domaine inépuisable de la pensée !

Si vous possédez ce don précieux, la clarté, vous exprimerez des choses exquises dans une forme harmonieuse. Aujourd'hui, la grande ambition littéraire c'est l'éclat, le relief, le tranchant. On veut écrire à coups de tonnerre et d'éclairs. La prétention des modernes c'est le style fulgurant. Victor Hugo l'a mis à la mode; on veut l'égaler! Tout ce qui n'est pas éblouissant, aveuglant, semble terre à terre, vulgaire, effacé. Eh bien! non, vous êtes dans l'erreur.

Ce fracas, ce tapage n'est une loi, ni dans l'art, ni dans la nature. La forme littéraire doit s'harmoniser toujours avec le fond de la pensée, comme l'accent humain avec la parole, comme le rythme dans la langue des sons.

Les coups d'éclat, le rayonnement, l'ardeur brûlante viennent naturellement alors qu'il y a explosion d'un grand sentiment, d'une passion enfin! Mais les crises violentes de l'âme ne sont pas un état régulier, normal. Un style violent, fiévreux, morbide, c'est la névrose transportée dans l'art d'écrire.

Les proportions justes d'un visage charmant et régulier donnent assez l'idée de ce que doit être le style. Des lignes pures, correctes, un coloris modéré, de l'expression, de la finesse, de la noblesse, de l'âme surtout, de la physionomie; voilà le style et voilà le type de la beauté.

IV

LE VRAI DANS L'HISTOIRE.

LE « PENSEROSO ».

Vous l'avez vu à Florence, et sans aller si loin,
à l'École des beaux-arts. La visière à demi baissée,
la main sur laquelle le menton s'appuie, cachent en
partie sa figure. Vous la devinez, plus que vous ne
la voyez. Vous sentez la profonde méditation, la vie
intérieure de la pensée. Au dehors, de marbre ou
de bronze; immobile, ni respiration ni mouvement,
rien ne trahit la passion concentrée du génie en
travail. Cette concentration héroïque est visible
aussi dans l'attitude. Mais entre ce recueillement et
l'élan de l'homme d'action il y a la durée de l'éclair.
Sans doute toutes les facultés convergent en une
seule : la puissance de réflexion, mais ce n'est pas

le repos. L'activité passionnée est au dedans, tout l'indique. Ce bras droit prend un point d'appui momentané, avant de soulever, avec une nouvelle vigueur, l'épée, la plume ou le pinceau. Les pieds ne sont pas enracinés dans le sol, mais légers comme ceux d'Achille ou ailés comme la poésie, sœur de l'héroïsme. Quelle fierté et quelle grâce ! Nulle forfanterie, une assurance modeste.

Michel-Ange a renfermé dans cette poitrine d'homme, dans ce cerveau de héros, la volonté et l'inspiration qui sauvent la patrie en péril. Emblème de l'Italie au xvie siècle. Bien plus encore ! Symbole éternel du penseur.

Le monde s'agite à ses pieds, et il ne le regarde pas. Il fixe les yeux sur cet idéal qui inspire les grandes œuvres, un acte héroïque ou un livre sublime. Cet idéal est dans son cœur. C'est là, en lui-même, qu'il cherche les vérités faites pour ennoblir la destinée humaine, les formes de la beauté dans l'art, les inspirations de la poésie, les divines mélodies dans la langue des sons. Philosophes, moralistes, historiens, poètes, musiciens, regardez le *Penseroso*, il vous apprendra comment se fait un chef-d'œuvre.

Il ne cherche pas le modèle autour de lui. Il se recueille dans son for intérieur. Atelier ou laboratoire, c'est là, dans le secret et le silence, qu'il coordonne les matériaux de l'art ou de la science amassés après une longue observation du monde extérieur. Il va commencer! Et maintenant plus un seul coup d'œil sur les choses qui l'environnent; il se renferme en lui-même, il va forger son œuvre.

La vie de la pensée, le travail intellectuel est pour l'homme de génie la sphère la plus élevée du bonheur, supérieure même au bonheur d'aimer.

Pour lui, nul effort, si ce n'est de modérer l'ardeur, l'enthousiasme sacré dont il est saisi.

Maître de lui-même, plié par l'habitude ou par sa nature à une extrême concentration de sentiments, à une vie intérieure très intense et très isolée, il jouit de la plus belle prérogative du génie, celle de pouvoir embrasser tous les sujets offerts à l'activité de la pensée et de se sentir des aptitudes égales pour toutes.

Quel est son premier mobile? Servir la vérité, et par là servir la Patrie. Le second moteur, c'est le soin de développer son être intellectuel.

Continuellement en progrès depuis que sa pensée est éveillée, chacune de ses conquêtes intellectuelles devient le point de départ d'une exploration nouvelle dans le champ de l'infini ; et toujours une découverte en est le fruit. Résultat certain qui ne manque jamais. Sans qu'on puisse dire pourquoi ni comment, le génie consciencieux trouve au bout de ses recherches une chose neuve, que personne n'avait encore aperçue et d'une si évidente vérité, que tout le monde après coup peut dire : « Comment n'avons-nous pas vu cela ? »

La physionomie du penseur calme et grave s'éclaire par le reflet de cette joie intérieure que donne la possession de la vérité. Cette sérénité subite dit seule le secret de l'intelligence.

Cet état de vie bienheureuse dépend du sujet. Les sciences naturelles, l'antiquité, voilà une source de paix. Cette joie sans mélange, on la goûte dans l'étude des secrets de la nature.

Rien de plus auguste que la méditation du penseur quand il se prépare à une œuvre scientifique.

Un vaste champ est ouvert à ses facultés créatrices. Des mines inexplorées s'offrent à l'esprit d'investigation, surtout à cette faculté d'analyse et de synthèse à la fois qui établit des analogies, et en déduit des lois.

Quelle marche prudente, le héros de la pensée impose à la hardiesse de ses idées ! Les lisières de la méthode ne l'enchaînent pas, mais servent de régulateur à sa fougue naturelle. Sur le terrain scientifique où il a placé son hypothèse, il s'arme de l'observation autant que de l'expérience, et avance pas à pas, cherchant pour ses paroles la précision, la clarté d'une démonstration mathématique.

C'est tout le contraire de l'inspiration, éclair soudain qui illumine l'esprit et lui indique la voie.

Avant de s'élancer vers l'inconnu, il plonge aux dernières profondeurs des vérités déjà acquises à la science. Ces fouilles exigent, sans doute, beaucoup de vertus patientes : elles exercent le génie au contrôle perpétuel d'une vérité par une autre vérité.

De cet examen et de ces chocs jaillit l'étincelle créatrice, la vie, le point de départ d'une série d'idées neuves qui, à leur tour, feront éclore d'autres idées. Filiation continue, elle s'épanouit comme l'arbre robuste aux cent bras, aux mille rameaux. Sa racine est enfoncée dans le roc formé par les siècles.

L'inspiration, ce mystère de l'être intellectuel, sera une récompense accordée par la logique des choses. Tant d'efforts passionnés, persévérants dans la recherche du vrai, seront payés tout à coup par ce don surhumain, l'inspiration.

Voilà le secret qui oblige le penseur à s'isoler. Il est descendu dans le laboratoire de la nature. Il s'y livre à un travail qui n'est pas sans analogie avec celui du laboureur et du forgeron : creuser le sol, examiner la nature du terrain avant d'y semer la graine; assouplir le fer sur le brasier ardent. L'art supérieur qui apprend à affiner le fer brut et à former un plus noble métal sert à perfectionner l'instrument de précision de la pensée.

Enfin, les expériences du physicien ont aussi certains rapports avec ce labeur intellectuel : une idée philosophique est soumise aux mêmes analyses que les corps chimiques, et on obtient les mêmes résultats. Il y a aussi pour la pensée des creusets, des microscopes, des télescopes.

La loi des sciences comparées achève de concentrer ces opérations de l'esprit. Les rayons épars convergent tous sur un seul point et allument le feu créateur; une vérité de plus a jailli, et luira dans le ciel de l'intelligence.

C'est ainsi que, pendant de longs jours, des semaines et des mois, le penseur examine, pèse, compare entre elles les idées, avant de se permettre de conclure. Alors seulement il proclame une vérité, hier encore inconnue, demain acceptée universellement, à cause de son évidence. Elle deviendra le point de départ de sciences nouvelles. Ces sortes d'ouvrages, qui renferment des prémisses scientifiques, seront placés très haut par la postérité.

Que de travaux multiples, entrepris à la fois, uniquement pour établir la vérité sur un seul point! Des monceaux d'écritures n'ont servi qu'à éclairer l'écrivain; il n'en surchargera pas son livre à la mode des savants allemands.

Voilà le travail préparatoire de chaque œuvre. Même procédé intellectuel, proportionné à l'importance du sujet.

Heureux celui qui peut consacrer toute sa vie à des œuvres de paix! Mais l'écrivain patriote, avant tout, se jette dans la lutte sans trêve; et la lutte dure parfois jusqu'à son dernier jour. La plume devient alors une arme de combat; combat livré à toutes les forces qui oppriment l'homme et la pensée, guerre aux sophismes aussi bien qu'aux despotes.

Dur sacrifice pour le penseur ! Il s'arrache au ciel limpide des méditations éternelles ; il court dans l'arène livrer le bon combat. Le devoir commande et l'emporte sur les plus chères préférences.

Ce n'est pas sans un violent effort sur soi-même, qu'il se plonge dans l'Histoire, cette revision des grands procès. Seul, au fond de sa conscience, il institue ce jury sacré qui juge les hommes, les événements, les actes, les intentions, et prononce le verdict final.

L'Histoire est une résurrection, a dit un immortel historien.

L'Histoire est aussi le Dernier Jugement. Ce tribunal suprême, devant lequel l'historien appelle à sa barre les accusés, les victimes et leurs bourreaux, ne se propose pas seulement de les réhabiliter ou de confirmer leur condamnation au nom de la justice éternelle, mais aussi au nom de la civilisation.

Empêcher dans l'avenir ces actes qui ont pour conséquence logique le règne de l'injustice, la nuit de l'intelligence, la servitude ; prévenir les sanglantes répressions et la barbarie qui les suit, voilà

le devoir suprême de l'historien. Il commence son
enquête, il examine les droits légitimes qui criaient
justice ! Il scrute les intentions, il démêle les
sophismes inconscients ou volontaires, les mobiles
secrets, l'ambition, la cupidité ou la férocité; il
cherche des causes atténuantes aux actes coupables,
s'ils ne sont que le produit fortuit de la superstition
despotique, séculaire, mais il dénonce de très haut
tout acte injuste, immoral, attentat au droit, à la
liberté. Il le stigmatise, même si on lui donne pour
prétexte le bonheur du peuple.

Quel est le but de cet examen rigide? Épargner
à la Patrie le retour de ces crimes de lèse-justice.
La lumière faite sur tous les points, la liberté ne
sera plus exposée à ce rôle stérile de justicier
inexorable, de bourreau impuissant. Tout au contraire, la liberté se pénétrera désormais de sa mission humaine. Elle doit s'identifier avec la nature
féconde, réparatrice, source inépuisable de vie,
créant comme elle le rajeunissement perpétuel de
l'univers.

Premier motif de l'historien pour descendre,
comme Ulysse, au royaume des ombres.

Il s'arme d'un respect, d'une mansuétude infinie,

surtout d'un courage à toute épreuve. Courage du héros, fait d'élans et de fougue ; et aussi courage du martyr qui endure patiemment la torture pour témoigner de sa foi.

Il sait, il pressent que son impartialité est l'acte le plus grave de sa vie, quand il s'agit des temps modernes. Pour l'historien, c'est vraiment l'immolation, le gouffre de Curtius. Après une vie de sacrifices, il offre à son pays ce suprême sacrifice, celui de sa popularité et de mainte amitié. L'ardente piété d'un fils l'inspire et le soutient ; il veut écarter de la route tout ce qui peut ensanglanter ou entraver la marche triomphale de la Patrie.

Quelle entreprise ! Avant tout, l'enquête attentive, minutieuse des faits. L'Histoire est souvent dénaturée par la légèreté, l'inexactitude des renseignements et même des documents inédits. L'historien, digne de ce nom, ne s'y fie qu'avec une extrême circonspection. Il ne se borne pas à en vérifier l'authenticité, il les éclaire par un procédé vivant, en comparant les faits lointains avec des faits récents, analogues. De même, il étudie les personnages historiques en observant les contemporains ; double analyse du cœur humain, toujours le même.

Quand il a, enfin, arrêté son jugement sur un fait, il en examine les conséquences réelles ou probables et les résultats les plus lointains, ceux qui se font à peine sentir, comme les dernières vibrations d'un son, comme les ondulations de la vague au bord du rivage.

L'historien découvre une loi qui s'applique à tous les temps; elle n'est pas assignée à une seule date; c'est une vérité mathématique. Puis la logique des choses se charge de mettre d'accord la théorie et l'événement.

Les exemples ne sont que trop nombreux : Pas de procédés violents pour fonder la liberté. La tyrannie les suit.

Enfin, l'historien soumet à une dernière analyse le caractère, la nature d'esprit, le tempérament, l'éducation, les antécédents, les relations de tel personnage historique important, pour bien juger la valeur de ses actes, de ses idées, et surtout pour fortifier ou diminuer, selon ses mérites, selon la justice, l'influence qu'il exerce encore de nos jours. Car cette figure produira toute une lignée d'admirateurs, d'adhérents, d'imitateurs. L'imitation joue un si grand rôle dans l'histoire! Washington, La

Fayette, Condorcet ont eu moins d'admirateurs et d'imitateurs que Bonaparte, Fouché, Talleyrand.

Ce mot, charge d'âme, à qui l'appliquer, sinon à l'historien digne de ce nom? Pas de courage supérieur au sien, quand, s'élevant au-dessus de la fausse idolâtrie de son temps, il défie le tyran et le péril toujours imminent. Il sacrifie, ce qui est bien autrement courageux, sa popularité, ce bien si envié de l'écrivain. Fort de sa conscience et du service à rendre aux hommes, il refuse l'encens à la puissance malfaisante que l'univers est prêt à adorer. Et l'avenir, affranchi du joug de la peur ou de la flatterie, se range à l'avis de l'historien honnête homme.

Tacite a refait ainsi la conscience humaine. Lorsque son œuvre a reparu à la lumière, même tronquée, mutilée, elle a sauvé la moralité et la vérité historique. Si nous possédions *tout*, nous aurions la clef des étranges réticences, de l'extrême réserve qu'il s'impose.

Le revirement qui s'est opéré de nos jours sous le moderne césarisme, éclaire peut-être ce qui a dû se passer du temps de Tacite. Nous avons vu Mommsen en Allemagne, et ses imitateurs en

France, réhabiliter les Césars. Tacite a été conspué ; il leur a paru excessif, théâtral. Nous autres ignorants, âmes simples, nous trouvons Tacite trop indifférent, trop froid. Eh bien ! la haine que Tacite inspire aux sophistes et aux esprits autoritaires, depuis le grand Napoléon jusqu'aux plus infimes courtisans de la force, cette haine révèle le caractère de Tacite, l'incorruptibilité de son âme.

Sa vraie valeur, c'est qu'il est non seulement le dernier des Romains, mais le sauveur de la conscience moderne : il a préparé l'avenir, lui qui n'a pas été suivi de ses contemporains. Sans lui, grâce au byzantinisme, les monstres eussent été réhabilités pendant dix-huit siècles, l'apothéose de Néron continuerait encore.

Ce sont les esprits passionnés pour le Vrai en histoire, en philosophie, qui nous ont rendu la lumière après les temps d'éclipse. Ce n'est pas le hasard ou la Providence qui ramène la civilisation ; elle est hâtée par les efforts individuels d'une grande âme. Ainsi Pétrarque en Italie a ressuscité l'antiquité oubliée et dénaturée.

Un esprit avide de vérité peut même, à défaut de

génie et par la seule ardeur du vrai, réveiller chez ses contemporains le culte délaissé du beau et du bien.

Après chaque interrègne de la civilisation, il y aura des esprits droits qui feront justice du goût perverti et qui remettront en honneur les génies bienfaisants qui trop souvent ont fait place aux sophistes et aux scoliastes.

V

RÉNOVATION NÉCESSAIRE

Une critique injuste, malveillante pour un grand écrivain ne fait aucun tort à son génie. Ce n'est pour lui qu'une question de temps. Mais quel tort immense on fait aux jeunes générations qui apprennent ainsi à méconnaître celui qu'elles devraient aimer.

La disparition des calomniateurs qui sont peut-être personnellement intéressés à dénigrer un grand homme, le progrès de l'éducation publique, surtout, contribueront à ramener la justice. La lumière se fera de nouveau autour d'un nom immortel; il n'eût jamais cessé de rayonner si l'envie et la médiocrité n'eussent retardé ce jour. On peut dire qu'il y a des œuvres de génie encore à leur aurore; elles monteront toujours plus haut dans le ciel de l'intelligence, et leur chaude influence vivifiera la terre.

La musique seule peut nous consoler de l'abus de la parole humaine. C'est une autre langue, et toute divine, accordée à l'homme pour exprimer ses sentiments, car en vérité les mots sont usés par la banalité et ravalés par le sophisme.

Le désintéressement de l'écrivain est comme une chasteté de l'esprit. L'idée de convertir en billets de mille francs ses pages les meilleures les flétrirait d'avance. La basse littérature a tellement fait renchérir le prix des livres pervers qu'on met son orgueil à répandre gratuitement les idées saines. Car la vertu est tombée parmi les choses démodées; elle n'a plus cours, personne n'en veut plus.

Il faudrait fonder un syndicat d'une nouvelle espèce, une réunion d'éditeurs et de littérateurs qui s'uniraient pour publier des ouvrages de talent, *quoique* honnêtes.

Se peut-il qu'une intelligence accessible au beau préfère se nourrir des aliments frelatés offerts par certains romans feuilletons? Ne se lassera-t-on jamais de ces redites de perfidies? L'esprit public est-il

voué pour toujours au rêve malsain, à l'imagination de fièvre typhoïde? La réalité noble et belle,
les pensées justes, honnêtes, sont-elles exclues à
jamais ? N'y aura-t-il pas un retour vers elles ?
Pour intéresser le lecteur la corruption, la putré-
faction est-elle indispensable? Quoi, toujours des
histoires d'assassinats et de vol, et de bagne !

Théâtre, roman, critique, tout subit ce courant;
pas un sentiment qui ne soit à l'abri de la souillure.

Les écrits philosophiques commencent à se
dégager du pédantisme, de l'enflure étrangère à
l'esprit français. L'éloquence politique conserve sa
prééminence : il semble que toutes les facultés de
la nation soient concentrées dans l'art oratoire qui
remplace les actes et parfois la justice. Nous nous
relevons surtout par la science : les merveilles se
succèdent. Eh bien ! le couronnement de ces pro-
digieuses découvertes, c'est de nier l'intelligence à
qui elles sont dues !

En vérité, de toutes les innovations la plus cruelle
c'est la guerre déclarée au spiritualisme. Il suffirait
d'en attribuer l'initiative à la République pour la
faire prendre en horreur; mais non, la vraie responsabilité revient à l'esprit d'imitation. Une édu-

cation ébauchée, une teinture d'incrédulité puisée dans d'Holbach ou Buchner nous a valu ces déclamations philosophiques insipides.

Se peut-il que sur cette terre d'enchantements il y ait de vieilles âmes qui mettent leur plaisir à distiller le venin dans leurs écrits? Et pourquoi si malfaisants? Est-ce l'art pour l'art? Les pensées haineuses peuvent s'accorder avec l'invention dramatique ou romanesque et la seconder commercialement. Elles peuvent même ajouter au talent, mais les noires pensées sont absolument incompatibles avec la vie de l'esprit qui exige un ciel calme et pur, la sérénité du cœur et de l'intelligence. Il existe en littérature des officines où le poison se fabrique scientifiquement et se débite en gros et en détail. Il y a des âmes démoniaques qui se livrent à cette industrie. Ah! Yago, Shylok sont dépassés, ils ne complotaient pas la perte de tout un peuple.

La fleur empoisonnée est innocente, elle offre à la science sa précieuse essence, utile, souvent bienfaisante. Mais les fleurs du mal semées par le feuilleton populaire, que de ravages elles portent artificieusement parmi les jeunes travailleurs!

On constate avec effroi l'influence de l'ignoble

littérature sur le visage humain : regardez ces femmes du peuple, ces jeunes filles qui lisent en tramway leur feuilleton ; chaque jour leur figure prend une expression plus dure. Comment n'en serait-il pas ainsi? La dépravation des romans augmente sans cesse, chacun voulant dépasser les plus osés. Crimes et infamies, voilà la nourriture intellectuelle de ceux à qui on apprend à lire. Chose terrible à s'avouer, le peuple aime les histoires de supplices, la couleur et l'odeur du sang ; puisqu'on ne le régale plus d'échafauds il faut au moins que l'imagination puisse s'en repaître. Et c'est la race la plus délicate de la terre, nos modernes Athéniens qui prennent ce goût ; pourquoi? la faute en est à l'ignoble littérature.

Dans un ordre supérieur de publications, que trouvons-nous pour les esprits cultivés? toujours le crime ; non pas le meurtre à coups de couteau, mais l'attentat moral. Quel crime en effet de souiller le noble domaine de la pensée par des conceptions vicieuses sous prétexte d'études psychologiques? Quand un fait monstrueux se produit dans la vie réelle on en gémit ; n'est-ce pas assez que le compte rendu des tribunaux? L'écrivain a mieux à faire, il est investi d'un apostolat, il a pour mandat de créer des types plus nobles que ceux dont on parle avec dégoût, avec mépris. Loin de là, le feuilletoniste renchérit sur les horreurs de la cour d'assises.

Est-ce que cela va durer toujours? Un homme de talent viendra pour réagir contre cette tendance malsaine.

Encore une fois, c'est au Syndicat de la presse qu'il appartient de transformer les lectures populaires. La liberté exercerait ainsi sur elle-même une censure, le droit d'empêcher le mal. L'assainissement de Paris et des grandes villes qu'on poursuit avec une si louable sollicitude ne sera complété que par cette autre mesure, l'épuration du roman-feuilleton.

Une sélection intelligente, librement consentie, délivrerait du même coup les campagnes de cette épidémie, de ce phylloxéra littéraire. Le patriotisme commande à la presse de refuser l'insertion de tant de pages flétries faites pour dépraver et abrutir la race la plus généreuse de la terre.

Partout, dans les sentiers de Bourgogne, des Vosges, du Dauphiné, de Provence et d'Auvergne, j'ai vu les garçons de ferme, les laitières, juchés sur leur charrette, plongés dans la lecture de l'ignoble feuilleton; pendant que le petit âne trotte, trotte, ces bons campagnards se délectent à des tableaux qui identifient le crime élégant, les drames sanglants avec les merveilles du monde civilisé.

Eh quoi? les législateurs font des lois contre l'introduction des viandes trichinées et ils tolèrent le poison dans l'aliment intellectuel offert aux populations!

Nous ne demandons pas l'impossible, le ciel sur la terre, la vie éthérée. Non. Le bon sens, les affaires, tout peut se concilier avec le culte de l'idéal. Nous protestons seulement contre la brutalité. Au lieu d'une France brutale qu'on veut opposer à la France idéale, nous voulons que notre patrie garde ses traditions d'élégance, de courtoisie. Ne les lui arrachez pas sous prétexte de science; ne profanez pas le talent littéraire par le goût du crime et du vice. C'est ridicule aussi bien que monstrueux de ramener le peuple athénien à l'âge des troglodytes et de nous offrir par le roman contemporain le spectacle des meurtres, l'odeur du sang versé dans les cavernes préhistoriques.

Une frénésie littéraire s'est emparée de cette fin de siècle. Après l'âge de pierre, de bronze et de fer, l'âge de papier. Plus d'écrivains que de lecteurs. Bientôt on ne labourera plus, on ne sèmera plus. Effrayante consommation de papier! le contre-poids du globe en quintaux d'imprimés.

Écrire est devenu une faim dévorante, une épidémie, non pas une fonction intellectuelle. Chacun se met, froidement ou en délire, devant une feuille blanche et se propose de la noircir pour distancer son voisin. Quel est le but avoué ou inavouable de tant d'écritures? Dire du nouveau. Il s'agit bien de mettre en lumière une idée bienfaisante!

Quand je vois la popularité imméritée de certains livres je me console en songeant à tant de stupides chansons qui, depuis plus d'un siècle, sont dans la bouche de tout le monde : rien de plus populaire que *Malbrouk s'en va-t'en guerre*. *Au clair de la lune*, *Frère Jacques*, *Père confesseur* et tant d'autres inepties, sans parler des chansonnettes modernes.

L'ère impériale a duré trop longtemps; ses conséquences se font toujours sentir. Disparu dans la forme politique, l'esprit césarien finira par ne plus laisser de traces dans nos institutions, mais il règne encore dans la littérature, et par contre-coup dans les mœurs. Il n'y a pas eu renouvellement d'esprit. C'est pourtant ce qu'il faut, pour créer des œuvres saines.

Le talent surabonde, mais le goût manque, et, s'il faut le dire, l'honnêteté. C'est l'absence d'honnêteté qui caractérise, depuis trente ans une certaine littérature. Elle prétend arborer le drapeau scientifique de la négation, pour donner un caractère d'émancipation moderne à la vieille corruption, aux fantaisies viciées !

Est-ce que l'imagination est tarie ? Les romanciers ne la trouvent-ils que dans les bas-fonds humains, sur les bancs de la cour d'assises ?

Pauvre peuple ! Non seulement tu travailles pour les oisifs, à la sueur de ton front tu crées le nécessaire et le superflu des heureux de ce monde; labourer, pétrir, fabriquer, bâtir, ciseler, ornementer, n'est pas assez ! Tu fournis aux désœuvrés un sujet d'amusement, de distraction, — quelque peu sinistre, il est vrai.

On ne rit plus de Jacques Bonhomme, on le

noircit, on le charge de forfaits. C'est lui qui met en frais les imaginations dramatiques. On le dépeint comme un monstre hideux, auprès duquel Caliban est un charmant dandy.

L'antiquité avait pris comme type d'infamie Sardanapale; aujourd'hui, le peuple est devenu ce type pour le feuilletonistes. L'ouvrier, idéalisé par George Sand, a été précipité aux antipodes, dans le plus abject réalisme; matière à exploitation, vrai gibier de potence. Non, dans le portrait qu'on en fait, je ne reconnais pas le *Peuple souverain*. Si cette peinture était vraie, vous tous, représentants de la nation, vous auriez le devoir de pousser le cri : La patrie est en danger!

Le plus en péril, c'est le peuple lui-même, car il n'a pas d'autres lectures que celle-là. On lui offre une image horrible et on lui dit : « C'est toi! » Instruits et riches, vous pouvez varier vos lectures, le peuple n'a que le feuilleton immonde. Il y revoit sa propre figure, mais déformée, bouffie, caricaturisée, telle qu'elle se réfléchit sur un métal convexe. Un sinistre pantin, tel est ce prétendu portrait, décoré du nom pompeux *Étude psychologique*.

Entre le *Peuple souverain*, impeccable, infail-

lible, et ce type de crime et de vice, il y a certainement un milieu, et c'est le seul qu'on néglige de
peindre. Il vous est pourtant arrivé de causer avec
le menuisier qui venait raboter vos fenêtres, avec
le serrurier pendant qu'il ajustait une clé; n'avez-
vous pas trouvé ses idées justes, ses sentiments
excellents, son langage choisi? Une acquisition plus
précieuse que des emplettes à bon marché, n'est-ce
pas de découvrir chez de simples boutiquiers un
patriotisme éclairé, et souvent la distinction des manières? Le type de l'ouvrière honnête et charmante
n'est pas si rare qu'on pense. Que ne mettez-vous
plus souvent en lumière les natures bonnes, vail-
lantes, qui font honneur au peuple?

Est-ce pour corriger les vices et les travers, pour
guérir les plaies, qu'on prend plaisir à les étaler et
à charger la palette de si noires couleurs? La sévérité excessive ne vaut rien en toute éducation. Une
noble confiance fait plus que les reproches outrés,
les accusations, surtout imméritées.

De peur de tomber dans les berquinades ou dans
Florian, on remonte le peuple avec un étrange
tonique, d'une saveur d'eau-forte.

Ah! si l'on pesait les conséquences des phrases

involontairement meurtrières ! quelle responsabilité ! Former d'honnêtes citoyens ou fournir des accusés aux bancs du Palais de justice, cela dépend du feuilletoniste ; n'est-il pas le vrai éducateur du peuple ?

Qui continuera la lutte contre la dépravation césarienne ? C'est à vous, jeunes écrivains, de remplacer les anciens. Votre tâche sera plus facile ; aucun bâillon n'étouffera votre voix généreuse, quand vous ramènerez dans les lettres l'honneur, la beauté, les grâces d'esprit, divinités toujours souriantes ; elles feront paraître plus décrépites, plus édentées, les vieilles et cyniques histoires qui se répètent à satiété dans les graves recueils aussi bien que dans le sordide feuilleton.

Il nous faut, sous la République, des pensées neuves, c'est-à-dire droites et pures.

On s'est servi de l'arme de la raillerie pour briser l'enthousiasme et l'héroïsme, ces deux ailes de l'esprit qui font arriver un livre à l'immortalité, un peuple à la liberté. Quand ces ailes sont brisées la littérature retombe à quatre pattes. Elle a beau déguiser sous le grand mot de Naturalisme la vieillerie des inventions, c'est toujours la même chose : Même peinture de mœurs monstrueuses dans la classe ouvrière et dans le grand monde ; ici le blason consacre les personnages et leur impose une distinction superlative. Mais, écoutez-les parler : c'est à la fois l'argot de la haute gomme, celui des rapins et des faubouriens. Voyez-les agir ; supprimez les particules des belles héroïnes et les ravissantes toilettes décrites par le couturier, c'est le même livre, la même lie dans une coupe élégante. Avec cela beaucoup de dextérité et de verve dans le talent. Bien entendu, pas une idée ; cela semblerait souverainement ridicule et démodé.

N'est-il pas humiliant de penser que l'étranger juge la société parisienne sur ces natures brutales ou dépravées, disséquées avec tant de minuties savantes et réunies dans un musée monstrueux ?

Le plus singulier, c'est que de belles dames délicates, nerveuses, qui ne peuvent respirer que dans une bonbonnière capitonnée de soie et de velours, ont habituellement sur leur guéridon un de ces livres. Et avec quelle ardeur elles défendent le talent (incontestable) de l'écrivain ?

Il nous faut autre chose. On veut du nouveau ? Quoi de plus nouveau que l'air pur quand on sort de l'hôpital? La fraîcheur de la flore naturelle, en plein champ, fait paraître plus hideux le livre du cabinet de lecture, maculé à l'extérieur autant qu'à l'intérieur. On aimerait tant emporter à la promenade des pages dignes de ce sentier où l'aubépine fleurit, où les guirlandes d'églantiers laissent tomber leurs pétales entre les feuillets. Donnez-nous ces livres! Écrivez-les. (J'en connais quelques-uns, mais pas assez [1].) Faites circuler dans votre œuvre l'air salubre, les arômes des pins mêlés aux parfums des fleurs qui s'exhalent aussi bien au bois de Boulogne qu'au Jura et dans les Alpes, au mois de mai.

Heureusement le goût littéraire commence à s'épurer. Avec quelle joie on s'incline devant les écrivains qui transforment le roman encore estampillé par l'Empire [2].

La vérité, c'est que la science règne aujourd'hui avec une puissance d'absorption qui fait converger vers elle toutes les facultés de l'esprit humain. Le don de l'invention, la forme littéraire, le senti-

1. Je pense aux livres d'Erkmann Chatrian, au *Roman d'un Brave Homme* d'About.
2. Voyez la plupart des romans d'Henri Gréville.

ment, la sensibilité, l'imagination, tout est effacé, remplacé par les créations merveilleuses dues à l'électricité, à la mécanique, aux sciences physiques. La force du génie humain éclate dans ces créations; c'est le triomphe du xixe siècle. N'espérons pas voir surgir des œuvres littéraires comparables à celles qui ont fait notre gloire, tant que cette expansion, cette domination des forces inconnues jusqu'ici, absorbent l'activité humaine.

La puissance créatrice absente aujourd'hui, reviendra. Pour le moment, à défaut d'inventions nouvelles, on cherche à prouver le contraire de tout ce qui a été accepté et reconnu comme vrai. L'Allemagne a donné l'exemple.

Après la défaite, nous avons eu l'invasion des doctrines étrangères; nos *Revues* ont été aux trois quarts consacrées à l'école de Schopenhauer et de Hartmann. La nouvelle génération se lasse enfin de ce pessimisme ennuyeux, pédantesque, tudesque. Non, la jeunesse française ne renoncera pas à son patrimoine d'enthousiasme, de générosité, de clarté. Elle n'attendra pas l'heure de la revanche matérielle, pour affirmer les qualités françaises qui délimitent si nettement les frontières des deux races.

Une méthode scientifique appliquée à tort et travers crée la confusion des genres. Comment appliquer le *Doit et Avoir* aux intérêts immortels de la pensée ? Comment remplacer le principe de l'amour, par l'indifférence absolue érigée en système, et chaque noble inspiration par le calcul ?

En 1815, tout le continent a subi la mode anglaise : importation du costume ; puis, transformation du protestantisme en méthodisme ; les momeries substituées au pur évangile.

L'Utilitarisme actuel est la réaction inévitable contre un mysticisme démodé ; mais pourquoi cette tendance à pénétrer dans les régions de l'esthétique ? Pourquoi chasser l'idéal ?

Cet esprit change les hommes, le style aussi. Même la figure se modifie chez ceux qui subissent l'influence de l'utilitarisme. Un air froid, sec, remplace la sympathie rayonnante, ce trait distinctif et si aimable de la physionomie française.

Nos désastres, les événements publics ne sont pas étrangers à cette transformation un peu générale de l'expression, ou plutôt à ce manque d'expression. Dans toutes les familles, il y a eu divergence politique ; à plus forte raison dans les relations de société. De là, nécessité de se renfermer dans une réserve glaciale; on s'arrange une physionomie neutre.

L'idéal a été voué à la dérision. Les railleries contre les hommes qui personnifient un principe ont montré aux nouvelles générations l'inconvénient de les imiter. Il est convenu que le succès dépend de l'esprit pratique et du scepticisme. Alors les meilleurs ont pris un masque d'indifférence. Chez les uns, le doute envahit les profondeurs de l'âme et dessèche tout; pour ceux-là nulle différence entre le bien et le mal. Chez les indécis, le doute reste à fleur de peau; mais tous ont l'air essentiellement prudent, c'est le caractère dominant des physionomies.

Paris reste la ville la plus spiritualiste du monde; c'est un fait, en dépit des beaux systèmes matérialistes. Les professeurs d'athéisme et les adeptes du réalisme grossier se donnent un perpétuel démenti, car ils démontrent eux-mêmes la victoire de l'immortel esprit français : Chétifs de corps, minables d'apparence, n'ayant qu'un souffle, ils travaillent jour et nuit à l'œuvre intellectuelle. Influence souvent délétère, s'ils n'ont pas de but scientifique, s'ils se font un malin plaisir de nous arracher des espérances consolantes plus nécessaires que le pain. Mais enfin, bonne ou mauvaise, leur vie et leur œuvre proclament une intelligence immatérielle.

VI

LE TALENT

Comment se développe un talent? Par un premier succès qui arrive souvent à l'improviste. L'attente continuelle du succès est un dissolvant du talent en germe.

Une défiance exagérée de nos facultés peut aussi les paralyser; pourtant elle n'est pas aussi dangereuse à l'esprit que l'infatuation. Un talent réel finit par percer tôt ou tard.

La critique acerbe, implacable, à propos de tout, stérilise aussi les timides, ceux qui n'ont pas l'audace de proclamer eux-mêmes leur génie. Chose étrange, il existe encore sur la terre des spécimens de gens modestes, doutant d'eux-mêmes.

Ne vous préoccupez pas de cette critique de

parti pris, qui guette l'occasion de vous prendre en défaut, de soupeser chaque expression enthousiaste, ce qu'on appelle les exagérations. Toute poésie n'est-elle pas une exagération des belles choses de la réalité?

Par un excès de désintéressement chevaleresque, on se pique d'impartialité pour l'adversaire et l'on refuse souvent un témoignage de sympathie aux amis. Que dis-je? s'ils diffèrent par la moindre nuance de notre manière de penser et d'écrire, ils n'auront pas de plus sévères censeurs que nous. Mais tout a sa raison d'être dans la nature ; probablement la race des écrivains serait trop encombrante sur la terre, sans un bon coup de dent de la critique dévorante qui en supprime un certain nombre.

« Ce n'est pas l'heure de juger; la postérité fera sa part. » — Encore une phrase consacrée.

La postérité, mot banal que les contemporains emploient souvent pour se dispenser d'un devoir immédiat. Comme si la postérité surgissait à une date fixe dans le temps! La postérité se fait heure par heure, demain, ou dans huit jours, ou dans un an. Une minute propice en décide parfois, si la plume d'un critique juste, impartial, rend un verdict équitable sur le mérite méconnu.

La postérité recueille les justices et les injustices de l'heure présente. Quand la somme des préventions iniques est trop forte et qu'elle submerge le grain de vérité, la postérité peut bien s'égarer dans son jugement. Non pas définitivement; enfouie pendant des siècles, la vérité a fini par se faire jour. Mais pourquoi se prêter à cet ajournement de la justice?

Quelle responsabilité pour le critique! C'est lui qui distribue les palmes de l'immortalité. Et bien souvent à tort et à travers. Il écoute ses amitiés, au lieu d'obéir à la justice pure, sereine, supérieure aux passions humaines, inaccessible à la crainte, à la louange, au blâme des amis et des ennemis. Le cri de la conscience, l'application de la loi, dans sa plus haute acception, voilà ce qui devrait guider le critique et l'historien.

Représentez-vous le critique fier et pauvre, dans sa mansarde, n'écrivant que pour sa conscience, ne témoignant que pour la vérité, ne flattant personne, impartial, équitable, se prononçant hardiment sur ses amis comme sur ses adversaires, fidèle à ses convictions, ayant le courage de ses opinions, inébranlable dans la voie de la droiture, indépendant, passionné pour la justice et la liberté, intrépide à la défendre, toujours prêt à sacrifier ses intérêts, son repos, sa popularité même dans toute occasion où l'honneur, la vérité l'obligent à faire un choix; modeste, austère, menant une vie laborieuse, solitaire, n'appartenant à aucune coterie, ne hantant ni les salons, ni les cercles; attaché à sa foi politique, philosophique, figure étrange dans la société telle qu'elle est aujourd'hui.

Mesurez la différence entre cette vie privée si pure, et un caractère de caméléon, qui a flagorné despotes, princes et princesses, actrices et belles dames; libre penseur, athée, viveur, poète, journaliste, artiste, causeur, républicain et impérialiste, tout ce qu'on voudra; homme d'esprit, fin critique, talent souple, perfide au besoin, voilà le dispensateur des renommées pendant quarante ans.

Réellement on est trop artiste de nos jours; la forme l'emporte entièrement sur le fond. Les plus pernicieuses pensées revêtues d'une jolie forme,

animées de cette verve qui est dans le génie français, auront une puissance supérieure aux idées de
vertu. Car la vertu garde sa noble simplicité, elle
ne souffre pas d'ornement; elle ne prêtera pas,
autant que le vice, au talent de l'écrivain.

Si Diderot n'eût écrit que le *Neveu de Rameau*,
je ne verrais rien de plus inquiétant que son immense popularité. Heureusement son œuvre abonde
en inspirations si hautes, si salutaires, d'un esprit
si nouveau et d'une âme si généreuse, que sa gloire
est justifiée. Le *Neveu de Rameau* est l'incarnation
de toutes les dépravations du vieux monde, à une
heure solennelle, au seuil de la grande Révolution.
Il faudrait l'envisager comme le type monstrueux
de la civilisation pervertie, raffinée, expirante du
xviiie siècle. Est-ce bien dans cet esprit, que ce chef-
d'œuvre est lu? Ce type, créé pour offrir un contraste avec la société nouvelle, devrait produire le
même effet que la vue de l'ilote ivre sur les jeunes
Spartiates. D'où vient que le *Neveu de Rameau*
passionne les lettrés précisément par le cynisme de
l'ébriété? Une fâcheuse tendance de la nature
humaine veut qu'on imite le mal plus facilement
que le bien; ainsi des poètes contemporains ont

imité froidement le scepticisme d'Hamlet, le spleen de Byron, moins la curiosité philosophique, moins l'héroïsme du philhellène.

Le Neveu de Rameau est la lecture la plus poignante que j'aie faite de ma vie; chaque ligne soulevait en moi une agitation si douloureuse qu'elle m'eût empêché de noter mes remarques, si l'idée m'était venue de les fixer. On ne peut trop admirer le talent littéraire, le tour de force de cet esprit tout en fusées; brillant feu d'artifice qui fait pâlir les féeriques inventions de Ruggieri; feu de bengale, feu de toutes couleurs, lumière électrique, soleils tournants, pluie d'étoiles, création lumineuse, éblouissante qui vous tient haletant, presque aveuglé, étourdi, ahuri. J'accorde tout cela. Mais le but, le fin mot? Les conséquences de cette œuvre d'art? Chaque mot du *Neveu de Rameau* est un crime, un vice d'autant plus hideux, que ce sourire, cette grâce d'esprit est au service des idées les plus perverses. L'abjection morale peut-elle revêtir la beauté? On dirait que Diderot a voulu résoudre ce problème et il a écrit cette œuvre cruelle qui porte le ravage, le désespoir dans une âme simple. Des éclaboussures de boue enchâssées comme un joyau, dans un travail d'or fin, voilà cet étrange chef-d'œuvre. — C'est une satire, disent les uns. — C'est une peinture, disent les autres.

Eh quoi? Diderot, un des pères de la Révolution ne serait-il qu'un artiste? Ce beau nom de philosophe, justement mérité, implique un devoir de moraliste; que n'a-t-il mis en garde ses lecteurs par un mot, un seul mot, contre la magie de son pinceau?

Sentir le prix de la vie avec une telle ardeur qu'on voudrait faire luire à tous les yeux la beauté de la destinée humaine; et refouler sans cesse les pensées bienfaisantes qui naissent et meurent silencieusement, quel dommage! Les pensées dangereuses auraient seules le droit d'être proclamées? On admire la forme ingénieuse, le talent de celui qui les répand dans la foule désœuvrée, avide d'aliments nouveaux; la curiosité publique s'en empare, on discute, on en fait un sujet de conversation, l'esprit se familiarise avec ces paradoxes vicieux, en vers ou en prose.

Médire de l'existence, outrager le bien et le beau, en phrases artistement ciselées est devenu un genre très apprécié. Mais quand le romancier ou le poète se retrouve seul, au coin du feu, est-il content de ce qu'il vient d'écrire? Le matin, à l'heure du réveil, ces blasphèmes contre le bonheur semblent contre nature, même à celui qui les a proférés. La fraîcheur, la clarté du jour ont dissipé les pensées fermentées de la veille et cette rhétorique gonflée qui se donne le vernis du désespoir. Mais ce qui est écrit est écrit. Et voilà l'histoire de maint livre pernicieux, plein de talent. Le plus curieux, c'est le prix exorbitant auquel s'achète ce genre. Pour soutenir le rôle de diffamateur de l'existence, il faut mener grand train, posséder beaucoup d'argent ou en avoir l'air; être enfin en état d'acheter tout ce qui se vend.

VII

BIENFAIT DU TRAVAIL

« Emploie noblement le don de la vie! » Cette
pensée devrait revenir toutes les fois qu'on voit
battre le pouls; n'est-ce pas comme un pendule
qui marque les minutes de notre existence? Cette
existence qui nous a été donnée, la laisserons-nous
écouler sans savoir pourquoi? Cette vie, attestée par
le battement de mon cœur, appartient au plan universel de la création. Elle m'impose un double
devoir envers les autres, envers moi-même. Les
bons instincts que nous découvrons en nous, trans-
formons-les en volontés réfléchies. Nous recon-
naîtrons le bienfait de la vie, en épurant chacune de nos pensées, afin de les harmoniser
avec le beau éternel. Que chaque pulsation de ce

cœur, heureux ou malheureux, marque une idée droite.

On peut accuser la politique d'empoisonner la vie de la pensée, de la ramener trop souvent aux dissensions, de la faire redescendre des hautes et paisibles régions, par de trop fréquents retours sur les injustices humaines.

Que d'idées fécondes, étincelantes, ont été ainsi étouffées, voilées! et que de bonheur ajourné par les soucis politiques!

Quand on ne possède rien au monde que son âme il faut doublement veiller sur ce refuge, cette propriété unique, chercher à l'embellir, à la faire fructifier. Ayons soin surtout que notre refuge unique ne soit endommagé.

Oh! que les parents ont le devoir de fortifier l'organisme de leurs enfants. C'est leur conserver une vue nette de toutes choses! Le système nerveux surexcité grossit tous les points noirs que l'œil aperçoit. Il centuple l'intensité des moindres sons de l'air; le plus léger tressaillement des objets semble un tremblement de terre, les plus faibles vibrations des roulements de tonnerre. La vie n'est plus possible alors.

Ces troubles de santé viennent d'un manque d'équilibre; mais alors même qu'on pourrait régler sa vie selon les préceptes de la sagesse, éviter tout excès, réprimer toute passion, comme tout élément nuisible, il resterait encore le mal par hérédité. N'est-ce pas l'explication très simple du péché originel théologique? On a reçu de ses ascendants un principe morbide. C'est là souvent le plus clair de l'héritage paternel. Vous n'êtes pas libre de le refuser comme le legs d'une succession grevée. Aussi le fils de la charrue, le fils de robustes paysans, sain de corps et d'esprit, a-t-il plus de chances pour devenir un type de l'espèce. Il est doué des qualités fortes et salubres de l'homme des champs. L'éducation le façonnera; il pourra s'élever très haut, retremper dans la nature l'organisme humain détérioré par une civilisation factice, mal entendue, par le séjour des villes et même par un excès d'études.

Les procédés de l'horticulture indiquent la marche à suivre pour renouveler la terre et la sève épuisée.

Après la maladie et l'abstinence de travail imposée par le médecin, qui n'a senti un redoublement d'activité cérébrale? Des torrents de pensées bouillonnent dans le cerveau; les vers de Virgile « les autans renfermés dans les cavernes » reviennent à la mémoire. Cette extrême vitalité cérébrale n'est-elle pas la réaction naturelle d'une vie longtemps privée de son plus cher aliment, le travail?

L'inaction forcée redouble la fièvre de l'esprit. Il y a en nous, comme dans la circulation du sang, un mouvement continuel de la pensée, avec les mêmes phénomènes de trouble si le mouvement régulier subit un arrêt ou s'il est accéléré. Que devenir quand la vie intellectuelle ne peut s'épancher ni par l'écriture ni par la parole? On est réduit à causer avec soi-même, ou avec un interlocuteur imaginaire. Ne restez pas confiné dans votre chambre, comme le prisonnier dans son cachot; les murs pèsent sur son esprit autant que sur son misérable corps.

Il faut vivre en pleine nature, du matin au soir, se griser d'air et d'espace. L'intérêt de l'esprit pour tous les sujets possibles en est centuplé; on est mis en mouvement comme par une pile électrique. Ces entretiens imaginaires, qu'on a avec soi-même prennent dans la solitude une allure à bride abattue. Ils s'arrêteraient net, s'il y avait un auditoire, car la parole la plus ardente veut pourtant une mesure, des formes imposées par le prochain ; mais ici, le prochain, c'est la haie d'aubépine et de clémati··s, c'est le ruisseau qui court, le nuage qui vole.

Lecteur, je vous donne mon secret, c'est ainsi que ce livre est né.

J'ai entendu de très jeunes gens s'écrier avec découragement : « Nous sommes las avant d'avoir vécu. Si nous ne produisons rien, cela tient à notre frêle organisme. Pas de muscles, pas de vitalité ! Que nous sommes loin de ces robustes athlètes du xvıᵉ siècle, et de nos frères vaillants de 92, et de ces deux lutteurs contemporains qui, jusqu'à leur dernière heure, ont travaillé sans relâche, créant chaque fois une œuvre supérieure à l'œuvre précédente ! Oui, deux hommes, entre tous, nous ont donné ce spectacle, et depuis qu'ils sont morts, depuis seize ans, la race en est éteinte. »

Fausse physiologie. Les héros de la pensée ont-ils donc des corps invulnérables? C'est ailleurs que dans les cellules médullaires et dans les globules d'un sang riche ou pauvre qu'il faut chercher

8.

le secret de cette activité cérébrale, de ces œuvres fécondes, de cette santé morale si robuste. Ils aimaient la vérité, la beauté, la justice plus qu'eux-mêmes. Ils sacrifiaient à la perfection idéale toute impatience fébrile d'immortaliser leur nom, d'acquérir la gloire, encore moins la fortune. Ce pur amour de l'art, cette passion désintéressée de la science, ce travail consciencieux, ce labeur excessif qui précédait chaque œuvre mise au jour, exaltaient les forces de la vie et triomphaient de la maladie ou de la pauvreté. Ces forces réservées pour la tâche sacrée, n'étaient pas gaspillées en plaisirs mondains. Un travail de bénédictin implique une abstinence de bénédictin. Dans leur jeunesse, comme dans leur âge mûr, ils ne s'interdisaient aucun noble délassement de l'art, mais la modération était leur règle. Ils observaient la loi naturelle qui fait vivre pendant le jour et dormir pendant la nuit; ils ne renversaient pas l'ordre établi et commençaient leur ouvrage dès l'aube. Au lieu des pages fiévreuses écrites à la lueur de la lampe, c'est la clarté, le souffle du matin qui vivifiait leur esprit et guidait leur plume.

On me dit aussi : « Ah ! qu'elle est à envier, cette

génération de 1820 à 1848 ! Les circonstances favorisaient alors l'éclosion du génie ! »

Les jeunes gens de 1820 ! combien ils ont gémi dans leur temps ! Ils luttaient contre les ténèbres qui les opprimaient ; ils cherchaient avec désespoir la clarté dans la parole comme dans l'idée. Qui peut se flatter de posséder la lumière en naissant ? Chaque création est précédée d'un chaos ; l'esprit de l'adolescent se débrouille peu à peu.

. Aujourd'hui, la science est à la portée de tous. L'éducation avec ses méthodes d'enseignement perfectionnées est la première préoccupation de la France. Reportez-vous à soixante-dix ans en arrière ; voyez quelle ignorance pesait sur les provinces ; l'instruction des séminaires était aussi celle des collèges. Comparez à cela l'état de l'instruction publique actuelle !

La génération de 1820 cherchait seule sa voie, et à tâtons. Elle avait à lutter contre le prestige de la gloire militaire, plus chère encore sous le régime monacal de la Restauration. La grande Révolution absolument étouffée, ignorée, n'était pas le phare qui éclaire la vie publique dans toutes ses ramifications. Les jeunes gens traversaient véritablement une ère de moyen âge où toute notion était obscure, confuse. Il fallait tout deviner; l'instinct, la nécessité devenaient les seuls guides. Peut-être leurs facultés se sont-elles développées, aiguisées par l'incessant effort. Ainsi certaines espèces acquièrent, par l'exercice, les membres indispensables dans la lutte de l'existence. L'inaction les atrophie.

La génération de 1820 doutait de son avenir, tout comme vous. Et pourtant de cette génération défiante d'elle-même sont nées les grandes choses.

C'est que la défiance de soi vaut mieux qu'une parfaite satisfaction. Toujours contents de nous-mêmes, de nos mérites, nous n'acquérons plus rien; la création est achevée, c'est-à-dire arrêtée.

On demande pourquoi les cœurs sont frappés de stérilité? On a voulu faire table rase; on a rompu le lien qui rattache le passé au présent. Les jeunes sont *entrés dans la carrière* en oubliant leurs aînés. L'interrègne de la liberté, nos désastres, en sont la vraie cause. L'impatience de saisir enfin la vie publique et la célébrité, a été plus forte que la justice et la piété envers tant de nobles figures disparues. On ne détruit pas impunément la filiation intellectuelle. Que deviendraient les grandes routes poudreuses, ensoleillées, si l'on arrachait les arbres séculaires qui abritent sous leur feuillage protecteur le pèlerin qui passe? Les nouvelles plantations n'ont pas eu le temps de remplacer l'antique ombrage.

Pour conquérir leur place au soleil, les jeunes gens de 1820 à 1848 ne croyaient pas nécessaire dé diminuer les grands noms. Avec une immense ambition de gloire ils reconnaissaient pourtant la gloire de leurs maîtres; ils aspiraient à un nom immortel, mais sans chercher à effacer celui qui brillait avant eux. Au contraire.

La mort ne serait pas l'irréparable désastre, si les survivants recueillaient avec amour, avec respect, l'âme disparue. L'héritage intellectuel s'agrandirait par cette adoption filiale. La jeune génération ajouterait à sa vitalité propre celle des grandes œuvres léguées à la postérité. Quel triste calcul d'ensevelir avec les morts leur mémoire, leur influence! Loin d'éclipser la vôtre, leur gloire, ornement et honneur de la nation, centuple ses forces. La supprimer, c'est mutiler la nation elle-même.

Ah! n'étouffez pas les voix d'autrefois! Du fond de leur tombeau les vieux lutteurs continueront avec vous le combat pour la Patrie. C'est de tous les rayons réunis qu'est formée l'auréole de la France.

La désespérance des jeunes écrivains s'explique naturellement par l'insuccès de leurs premières études. Voilà un jeune homme qui s'est laissé rebuter par les langues anciennes. Il se jette dans les sciences, mais il ne mordra pas davantage aux opérations abstraites et revient aux belles-lettres. Il continue par amour-propre, avec un sourd mécontentement. Celui qui a du talent, et l'amour du travail, sera récompensé de sa persévérance et ce n'est pas de ce jeune homme-là que je parle, mais de celui dont le programme a changé trop souvent. Des parents trop complaisants lui ont rendu la voie trop facile; la faiblesse paternelle autant que la bonne opinion qu'il a de lui-même atrophient sa volonté.

Autrefois les parents contrariaient presque toujours les goûts intellectuels, la vocation de leurs fils; de là une lutte tacite, sinon ouverte, qui fortifiait la résolution par la passion contrariée. Aujourd'hui l'enfant choisit, impose sa carrière future; il fait la loi, tout cède à ses volontés, nul obstacle à aplanir, aussi nul effort pour conquérir une situation.

Règle générale pour ainsi dire ; aujourd'hui le fils ne veut plus suivre la carrière du père. Heureux encore si le fils du professeur consent à devenir médecin, ingénieur ou avocat. Beaucoup trop de jeunes gens embrassent la profession d'écrivain comme un métier. Dans la redoutable concurrence qui les attend, ils ne se feront remarquer que par des crimes littéraires, je veux dire des attentats au bon sens, au bon goût, à l'honnêteté. Leur jour d'éclat est très problématique ; s'ils doivent le voir luire jamais, ils traverseront auparavant une nuit d'angoisse qui deviendra l'inspiratrice de leurs essais malheureux. Étonnez-vous après cela du profond dégoût de la vie qu'exhalent ces pages ! Ce lettré en herbe est un désœuvré.

Un jeune homme harcelé de travail du matin au soir, chargé d'occupations utiles, sérieuses, n'a pas une minute pour mettre en prose ou en vers les tristesses de l'existence. Quand on remonte un courant rapide, la méditation n'est guère possible ; il faut ramer vigoureusement, gagner la rive, sans compter la gorgée d'eau amère qu'on avale.

Dites-moi de quoi se nourrit le décadent, ce jeune athlète littéraire qui va débuter, et dont les muscles auraient besoin d'une hygiène particulière? Il a pour aliment les compositions de quelque camarade, esprit aussi maladif que le sien. Pour se distinguer, pour le dépasser, il forcera le ton désespéré, blasé, ennuyé.

Ah! si ces jeunes splénétiques avaient une occupation urgente, ils guériraient instantanément! L'action les électriserait; nous l'avons vu par la guerre, en 1870. Que de pessimistes ont porté le mousquet! Et ceux qui ont fait le coup de feu contre l'ennemi ont retrouvé sous la capote du soldat la joie de l'âme, la santé du corps. Après la paix, ils sont retombés dans l'inertie.

Les désastres de la patrie ont fait place à une ère de tranquillité; la liberté est fondée, le pays guérit de ses maux. Est-ce alors que doit sonner l'heure de la désespérance? Quoi, les jeunes seraient tristes parce que la liberté est assurée, et qu'ils n'ont plus rien à renverser?

Si on examinait une à une les plaintes, les mélancolies de la jeunesse on les réduirait à leur juste valeur. Le premier besoin de l'adolesence, n'est-ce pas le développement de l'être intellectuel? A quelle époque de l'histoire les jeunes gens ont-ils trouvé tant de facilités pour acquérir l'instruction la plus étendue et satisfaire l'ambition du savoir? Et quand la culture intellectuelle du jeune homme sera achevée n'a-t-il pas contracté un devoir envers les autres? Qu'il regarde autour de lui. Ramener à la vérité un seul de ses frères obscurs, gagner à la justice un seul esprit cela vaudrait déjà la peine de vivre. Cet apostolat de fraternité peut continuer parallèlement avec la fonction qu'on a choisie, et donnera un grand intérêt à la vie.

Comment un jeune homme aurait-il, à vingt ans, un seul jour de tristesse, une seule heure d'ennui, en face de tous les éblouissements de l'univers intellectuel? Les fleurs et le printemps, l'été et ses fruits passeront plus inaperçus pour lui que les beautés du génie humain. Ces amis immortels à travers les âges, il voudra les connaître; parmi eux il fera un choix. Cet enthousiasme élèvera son cœur si haut qu'il sera à l'abri des vulgaires tentations. La beauté, dans ses manifestations artistiques, l'enivrera d'une passion divine : les statues, les tableaux, les symphonies l'entoureront d'un cercle éternel et chaque jour il se sentira plus digne d'y être admis. Cette société idéale le protégera contre les pièges et lui inspirera un respect de lui-même qui l'armera contre les jouissances grossières.

Aussi longtemps qu'un jeune homme est soumis à l'enseignement universitaire il ne peut être *lui-même*. Comment son originalité se révélerait-elle? Son individualité est pour ainsi dire supprimée. Il suit la règle commune, un système uniformément appliqué à tous; il fléchit sous le poids des études, sans compter une masse de travaux préparatoires et la brièveté du temps. Il a peine à se reconnaître; il fait partie de l'immense rouage qui se meut sans relâche, qui broie sans cesse les difficultés scientifiques et parfois l'intelligence. Il ressemble aux soldats qui manœuvrent dans une revue; réduits à l'état de machines de guerre; ils sont en représentation. Dans cet engrenage quel est celui qui se sentirait la trempe d'un héros? Vienne le jour de la bataille : alors, dans la mêlée, les qualités qui font le héros surgiront tout à coup; aidées par la science acquise, elles feront remporter la victoire.

Le jeune Normalien échappé aux maîtres de conférences, devenu libre, jouit pour la première fois du bonheur de penser. Son indépendance se développe graduellement; la vie fortifie son instruction, il se déchiffre lui même, et s'il est richement doué, les plus hautes qualités de style se produiront au jour, à l'heure marquée pour la maturité intellectuelle.

De quelle noble ambition un jeune homme devrait être saisi, surtout après des temps de crise, après nos défaites! Réparer les désastres, relever la puissance matérielle, non pas seulement l'épée à la main, mais par l'esprit, par l'âme; cela est au pouvoir de chacun. L'heure de la bataille ne dépend pas de nous; il faut se tenir prêt. Mais la lutte de tous les instants pour la vérité et la liberté c'est le devoir. L'expansion des nobles idées qui gagnent de proche en proche finit par créer un autre tempérament moral dans tout le pays.

Un jeune homme peut rendre service à l'esprit humain tout simplement en suivant la voie droite. Sa pureté de cœur, sa soif de vérité entraîneront d'autres cœurs, et la phalange des gens de bien ira en grossissant.

L'action ténébreuse des méchants est comme une

force aveugle de la nature. La résistance des âmes droites leur oppose une barrière infranchissable et ce progrès du bien, lent mais persévérant, est plus sûr que les foudroyants triomphes remportés aux grandes crises de l'histoire et qu'on ne peut provoquer à volonté. Ce qui dépend de nous, c'est d'agir à toute heure, et, autant que possible, sans amertume. A haïr, on perd sa puissance d'action pour le bien.

Sentir que l'on possède une âme vivante, capable de se développer, d'atteindre très haut, de croître à l'infini, c'est l'essentiel. C'est un capital. Avec cette richesse intérieure, on est consolé des déceptions de la vie. Que sont les places, les honneurs, la célébrité, la fortune, le talent lui-même, auprès de l'intime conviction qu'on possède une valeur morale? Tant mieux si les hommes s'en aperçoivent. Il faut tâcher, en effet, de répandre autour de soi le bien, le beau, sans quoi ils passeraient dans notre esprit comme des visions célestes. Il faut laisser après soi une trace durable.

Ce n'est pas un livre seulement qui marquera notre passage sur la terre; parfois c'est une âme qu'on a sauvée du mal ou de l'indifférence, une adoption filiale qui continuera après nous la pensée brusquement interrompue. Ce sont des fondations utiles, des œuvres généreuses où l'on met son cœur. Que de créations bienfaisantes nous voyons en ce genre ! L'ambition suprême de la vie est d'accomplir une bonne action qui nous survive.

La grande difficulté pour réaliser ce noble plan de vie, c'est qu'on ne se connaît pas soi-même. L'ignorance ou la défiance de nos forces paralyse nos secrètes aspirations pendant les trois quarts de notre existence, si nous n'avons pas le bonheur, rare entre tous, de trouver un appui intellectuel, de nobles amis qui devinent notre valeur et nous la révèlent. Bénissez l'ami qui vous encourage et vous donne confiance en vous-même !

Un des caractères du vrai génie, c'est la modestie. Je dirai la modestie jusqu'à l'humilité. On attribue cette vertu aux saints. L'esprit nouveau cherche les âmes saintes ailleurs que dans les thébaïdes ; il les trouve dans la mêlée de la vie, souvent dans le laboratoire du savant, dans le sanctuaire du poète.

Une grande âme est reconnaissante du bien

qu'elle peut faire, du bien que les aveugles, les égarés lui doivent. Devenir meilleur, tel est le but de l'être humain. Celui qui contribue à cette œuvre sainte s'y intéresse comme à sa propre création. Oui, l'homme de bien qui a pu exercer sur autrui une puissance bienfaisante éprouve une sorte de gratitude d'avoir réussi. En ce sens on peut dire que « le soleil est reconnaissant au fruit qu'il mûrit, la rosée à la fleur qu'elle désaltère ». Cette image charmante, je la tiens de la fleur elle-même.

Le progrès ne consiste qu'en réformes successives. Une marche en avant est encore suivie de retours en arrière. De nouveau on amende, on corrige ce qu'on fait, et toujours on avance.

Quand on aura réformé les méthodes d'enseignement et d'administration, l'internat avec ses abus et le détestable esprit qu'il développe à côté d'avantages indiscutables, alors, mais alors seulement la jeunesse des Écoles renouvellera à fond son esprit. Cet argot qu'on trouve si amusant, ces drôleries fantasques touchant à la cruauté, ce temps perdu à acquérir les habitudes du quartier latin entremêlées de tant de manies frivoles, ah! que ce temps serait mieux employé à prendre des mœurs austères. Le ricanement, le scepticisme, font partie intégrante de l'étudiant comme sa pipe et son feutre à la Rembrandt ou son béret.

Chose étrange d'avoir sans cesse à raturer dans l'éducation, dans la religion, ce que l'enseignement routinier y a déposé aux plus belles heures de la jeunesse !

Il faut traiter avec ménagement les illusions de l'adolescence ; elles sont nécessaires : une jeune âme est une plante délicate à laquelle on ne doit toucher qu'avec précaution, de peur de la blesser, de la faner. Il faut une robuste foi pour pouvoir tout entendre, tout dire, et conserver encore, après tant d'amères expériences, l'amour du prochain et l'espérance quand même ! Un esprit sans illusion, qui a le don très sûr de voir clair dans les autres âmes, d'y lire distinctement les pensées sous les paroles et d'apercevoir le but à travers les circuits, a une lourde tâche. Cette clairvoyance serait un don funeste, si elle ôtait une étincelle à notre enthousiasme, si elle ajoutait un hiver à nos printemps.

Servir les hommes et n'en rien attendre.

Voilà une devise prudente. Mais avec quelle reconnaissance passionnée on accueille une seule découverte morale consolante, après les innombrables déceptions!

Ah! si tant d'expériences chèrement acquises pouvaient servir à ceux qui entrent dans la vie! si elles pouvaient calmer les justes susceptibilités et les violentes colères des jeunes qui se croient souvent le but d'une hostilité préméditée! Ils s'apaiseraient en réfléchissant que cette hostilité ne s'adresse pas à leur personne : c'est la lutte entre le vieil esprit du passé et le jeune avenir. C'est le combat entre la nuit et le jour. Heureux celui qui représente l'aurore, la pure lumière, présage de temps meilleurs! Cette pensée fera tomber l'irritation.

La colère tient au tempérament, la sérénité à l'âme. Toute la supériorité des Justes, des Saints est dans cette définition. Chez eux l'esprit a vaincu la matière. Les bouillonnements intérieurs existent toujours, mais refrénés par la sagesse.

Je crois que la raison a fait de grands progrès depuis soixante-dix ans. Si l'on compare les jeunes gens de 1820 à ceux de nos jours, j'entends les jeunes gens d'élite, ceux-ci auront une supériorité de sagesse, de maturité d'esprit, abstraction faite du talent et du savoir. En 1820, les futurs hommes de génie possédaient presque tous une sorte de candeur. C'est tout l'opposé de la précoce expérience des jeunes gens d'aujourd'hui. Chez ceux-ci la vie du sentiment est si faible qu'il leur est facile de parler cette langue nette et froide de la raison pure, ignorée des générations précédentes. Quoi qu'il en soit, un jeune homme de haute valeur est aujourd'hui la preuve vivante que la raison a fait des progrès. Ce qui lui manque, c'est l'atmo-sphère plus pure que respiraient les adolescents d'autrefois.

Le développement de la volonté, l'empire sur soi-même est pour ainsi dire sans limite chez les hommes qui ont exercé la raison dès leur jeunesse. Il leur est aussi facile de détourner leur pensée d'un sujet, de s'interdire ce sujet, que s'il s'agissait de détourner le regard d'un certain point de l'es-pace; chose qui a toujours semblé impossible au commun des mortels, car l'esprit est comme le vent qui souffle où il lui plaît. Quel appareil phy-sique saurait l'en empêcher? L'homme fort commande à son esprit. « Je t'interdis de penser à telle chose. » Et il est obéi.

Mais les pauvres femmes n'en sont pas là. Plus elles s'efforcent de ne pas penser à ceci ou à cela, plus elles y songent. L'homme fort rendra la liberté à sa pensée qu'il a volontairement enchaînée, quand il le jugera bon.

Préserver son cerveau de certaines pensées troublantes est aussi important que de s'abstenir de liqueurs fortes; on ne les approche pas des lèvres impunément. Encore une fois, l'exercice de la volonté dans l'extrême jeunesse peut seul façonner l'esprit à cette discipline. Cette méthode devrait prendre place auprès des *Leçons de Choses*, dans la pédagogie moderne.

Que de colloques intérieurs précèdent une résolution dictée par la raison ! L'enthousiasme, au contraire, c'est l'éclair qui illumine le ciel et vous montre la route dans la nuit noire. C'est à coups de pioche seulement qu'on parvient à dégager du cerveau une décision sage.

— « Comment tuez-vous le temps? » Parole impie, incompréhensible. Qui ne voudrait créer des heures supplémentaires pour faire face à tout ce que l'on projette pour une seule journée? A peine la matinée est-elle commencée on craint de la voir finir, tant il se présente à l'esprit de choses urgentes à accomplir. On compte avec effroi les heures gaspillées en désœuvrement forcé par une visite, par l'heure des repas ou des courses obligatoires. Ces heures représentent peut-être la dixième partie des jours qui restent à vivre.

L'ardeur au travail est si grande qu'on sent plutôt la nécessité de la modérer. Mais tuer le temps! Ah! c'est lui qui nous dévore, avant que nous ayons terminé notre tâche.

Le bienfait du travail, sa vertu calmante, son action moralisatrice est facile à constater même chez les êtres inférieurs.

Un chien de chasse ne mord pas, n'aboie pas comme les carlins douillets de salon, qui passent leur temps sur les genoux des petites maîtresses, oisifs comme elles.

Si le travail est un bienfait et la loi même de la vie pour toute créature humaine, combien plus pour ces natures douées d'une puissante vitalité, d'une force d'émotion illimitée. Il leur faut un emploi actif de leurs facultés; elles se retournent contre elles-mêmes dans l'oisiveté. Celui qui a senti dans sa poitrine ces violents bouillonnements de la douleur ou de l'enthousiasme pour toute cause importante sait comme il est difficile de les dominer autrement que par le travail. Ces vagues soulevées par la tempête intérieure se calment sous l'action bienfaisante d'une occupation utile.

Travaillez! et que jamais vous n'ayez à vous reprocher l'inertie de la douleur. Loin de vous abandonner, essayez de tous les genres d'occupations qui s'offriront à vous, pour remonter votre esprit. Ces diversions aux douloureuses pensées sont utiles, même hygiéniquement.

Écrivez, tâchez de semer quelques nobles idées dans ce terrain livré aux insanités, aux choses malsaines. Et si votre esprit est stérilisé par la douleur, résignez-vous à recopier des pages écrites autrefois, dans des temps meilleurs. C'est une bonne méthode, même pour juger de leur valeur réelle. On les a réservées pour les moments arides, et souvent elles aident à vivifier notre esprit.

Je crois aussi très utile de préparer la veille la

tâche du lendemain ; on conserve mieux le fil des idées, on évite une solution de continuité.

Ne croyez pas que l'aliénation mentale, si fréquente de nos jours, soit produite par un excès de travail. Le contraire serait plus vraisemblable.

Ne dites pas : ce cerveau a trop produit ; il y a surmenage intellectuel.

Les grands penseurs, les grands travailleurs ne sont jamais devenus fous. Mais un cerveau richement doué et parfaitement oisif se dévore lui-même.

Quand je dis désœuvrement absolu, j'entends l'habitude de ne rien faire : ne pas lire, n'avoir aucune occupation, même ne pas s'amuser. Piétiner sur place, s'absorber dans des craintes chimériques, prévoir des catastrophes, fuir les idées élevées, leur préférer de petites combinaisons, se préoccuper uniquement des intérêts matériels, calculer, jouer au plus fin, ne s'appuyer que sur l'habileté, voilà ce qui peut, dans une nature passionnée, mal équilibrée, produire un choc funeste à la raison quand l'organisme est affaibli et la conscience endormie. Un cœur aimant, une conscience toujours en éveil réussissent encore à lutter contre ce mal terrible. Le gouvernement de notre âme exerce une grande influence sur notre corps; la santé en dépend. Le déchaînement de l'imagination joint à l'inaction finira fatalement par obscurcir les facultés mentales. Le travail c'est la vie, la moralité, la santé [1].

Pas d'existence possible sans une occupation utile qui remplit chaque heure. L'oisiveté explique la méchanceté et la folie.

Pour un être intelligent, actif, le désœuvrement est le pire des supplices.

Je ne saurais trop redire le péril de l'oisiveté, le malheur de vivre par les joies de l'orgueil. Pauvre nature humaine si chancelante quand elle n'est pas soutenue par un lien immortel, par un grand amour ou par la vie de la pensée! Vivre pour soi-même, quelle misère! Vivre pour une idée sublime, quelle intarissable richesse! La plus vigoureuse organisation intellectuelle s'épuise si ses dons merveilleux ne servent pas à un noble but. Si l'unique ambition de la vie consiste à occuper dans la société une place brillante, on se dépouillera de toutes les convic-

---

1. Un écrivain fantasque qui n'a jamais voulu subir le frein de la raison risque fort de la perdre; mais la *folie écrivante* est tellement admise qu'elle constitue tout un genre en littérature.

tions, de tous les sentiments non-usités ; on reniera les maîtres qui ont cherché à développer en nous le respect, la justice, la vérité. On les reniera dans les salons, les antichambres des puissants du jour ; on leur gardera peut-être au fond du cœur un reste d'affection, parfois on leur demandera pardon tout bas, mais ils sont si gênants, si compromettants !

Ces lutteurs, ces héros, ces saints ne vous procurent ni argent, ni places, ni considération selon le monde. Leur lot, n'est-ce pas la pauvreté, la persécution, l'exil ? Sans doute on les trouve admirables, très nobles, mais il faut être positif ; il y a les besoins d'une civilisation très coûteuse, très raffinée, la question de l'avancement pour le mari, la carrière des fils, la dot des filles et si l'on n'a pas de fortune comment agir ? Il faut de la souplesse, l'art de ne heurter personne, de ne pas prendre parti pour une nuance quelconque de l'opinion. En ménageant chacun, on est sûr de ne pas être châtié par le vainqueur, après un changement politique.

L'habileté consiste à louvoyer sans cesse. Oui, il ne faut heurter personne, pas même les bienfaiteurs, ceux qui vous ont protégés, aimés. Leur influence a été assez forte pour déposer même dans les âmes faibles une légère empreinte du bien, assez pour y éveiller des remords. Ce tiraillement entre le bien et le mal à toute heure de la vie, en toute circonstance, crée un état d'anxiété que les francs criminels n'ont jamais ressenti et qui doit être un supplice pour une âme vacillante. Combien plus dans une vie oisive, et avec l'habitude prise des petites combinaisons d'araignée au milieu de sa toile ! La pratique de la rouerie, poussée jusqu'au génie a perfectionné cet art du mensonge mental, dans le seul but de tourner les difficultés ; mais parfois la catastrophe est au bout, quand l'heure du réveil de la conscience a sonné ! En vain on s'est damné, en vain on a renié son Dieu ! On n'a rien gagné à jouer au plus fin. Hélas ! hélas !

Ames saintes aujourd'hui oubliées du plus grand nombre, vous revivrez pour ceux-là mêmes qui vous fuient et vous renient aujourd'hui !

Edgar Quinet avait coutume de dire : « Il y a des êtres qui vous font douter de votre propre existence. »

Ce mot amer, terrible, lui venait après des entrevues, de loin en loin, avec des personnes autrefois très aimées, très intimes, et tout à coup changées si complètement qu'elles n'étaient plus capables de le comprendre. L'étroite intimité dans laquelle on a vécu ensemble produit alors un cruel sentiment de surprise; nous mesurons l'écart qui s'est fait, et l'effroi de cette découverte, s'ajoutant à l'ancienne affection qui vit toujours dans notre cœur, nous jette dans un tel trouble que nous sommes pris de vertige et nous nous demandons si vraiment nous existons, si tout n'est que songe, illusion.

Il est affreux de constater qu'il y a des natures admirablement douées et qui emploient les dons précieux de leur intelligence uniquement à orner leur style. La vraie vie de l'âme, qui porte aux belles actions, n'existe pas pour elles. Le beau, le bien est cultivé comme un ornement extérieur de la parole, au lieu d'être le point de mire de l'existence humaine. Elles font deux parts dans la vie : l'une, très correcte, agrémentée par de nobles paroles; l'autre tout en calcul. Leur science de la vie se résume dans le scepticisme.

Esprit de vérité, faites revivre les âmes prêtes à s'éteindre dans la sécheresse et dans l'orgueil!

Elles vont périr! Ranimez-les d'une goutte de rosée céleste! Montrez leur sur le firmament cette étoile, l'*Idéal*! Que leurs regards s'élèvent vers elle au lieu de s'abaisser vers les hideuses laideurs terrestres! Réveillez l'écho des paroles éternelles qui ne résonnent plus dans leur cœur! Que leurs yeux arides soient humectés de larmes saintes! Transformez le ricanement amer de leurs lèvres en sourire de sérénité et de joie pure! Dilatez leur cœur resserré par de mesquines passions, faites-le tressaillir pour les nobles enthousiasmes! Faites luire dans leur esprit la beauté! Inspirez-leur le regret de tant d'années perdues pour le Vrai! Rendez-leur la faculté d'aimer, de croire au bien.

VIII

ÊTRE OU PARAITRE

De nos jours on est arrivé à un tel abus de culture littéraire, par l'histoire, par le roman, par le théâtre, que personne n'est plus soi-même. Chacun joue un rôle historique ou romanesque, choisi une fois pour toutes, et y conforme sa vie, par les côtés les plus flatteurs. Ce déguisement inconscient dure toute la vie. Pour les gens du monde, il dure de midi à minuit, jusqu'à l'heure où le sommeil ou la faim ressaisit la créature mortelle et la ramène à la réalité. Leur esprit, toujours inventif à soutenir un rôle, ne se déshabille jamais et ne se nourrit que d'excitants.

Les acteurs de profession, tragiques, comiques, la dernière scène jouée, ont hâte de quitter leur costume de théâtre et redeviennent avec satisfaction de bons bourgeois chaussés de pantoufles. Et comme ils jouissent de ces moments de répit! Ils se délassent, ils se retrempent dans le naturel, et préparent ainsi leurs forces pour le rôle de demain.

Les mondains ne connaissent ni trêve ni repos dans l'art de la représentation.

De même certains écrivains : jamais une heure de simplicité. Heureux ceux qui peuvent renouveler les sources de l'esprit dans un sentiment très profond, enraciné à leur foyer!

Terriblement réaliste, la mort aussi ramène au vrai. Le coup de foudre qui frappe une vie artificielle lui révélera par la douleur son individualité. La douleur est personnelle et ne s'emprunte pas; le *moi* humain revient avec les larmes, avec l'angoisse; l'être de convention aura vécu une heure pour son propre compte.

Une éducation superficielle ne recherche que la nature extérieure de l'esprit, sans vouloir pénétrer le fond. Elle s'attache à la forme, à l'ornementation, au brillant; elle n'a pas l'idée qu'on peut faire épanouir toute une floraison intérieure, en cul-

tivant les germes cachés dans l'âme, en veillant sur
les sources fraîches et pures qu'on entend sourdre
à l'aube de l'existence. Tout ce que les siècles ont
amassé en fait de créations intellectuelles sera pro-
digué pour enrichir, vêtir somptueusement cette
jeune intelligence. On n'aura négligé qu'une seule
chose, le trésor intime qu'elle renferme, et pendant
qu'elle brille de toute cette lumière empruntée, sa
vie propre se rétrécit, s'atrophie.

Que d'âmes se sont éteintes ainsi, avant d'avoir
vécu !

Sous un dehors séduisant, avec le charmant sourire de la femme du monde, l'âme est restée chose
morte, indifférente aux espérances immortelles qui
se mêlent à l'existence et qui idéalisent nos joies et
nos douleurs. On n'a jamais dirigé le regard de
cette pauvre créature plus haut que les lambris des
salons; aussi n'éprouve-t-elle ni curiosité ni désir
d'entrevoir des perspectives infinies; aucune souffrance d'être emmurée, nul besoin d'un secours
moral à l'heure de la détresse, rien, rien.

Les hommes remplacent par le stoïcisme ou par
la science cette soif d'immortalité, instinct de notre
âme; mais la femme, toujours refoulée dans sa ten-

dresse, trompée dans ses aspirations, où puisera-t-elle sa force?

Comment faire? Il est si difficile d'assagir la jeunesse, la beauté, l'amour! Tout ce qu'on peut par l'éducation, c'est de fortifier chez la femme sa raison trop vacillante; chez elle c'est à peine une lueur. On développera en elle les facultés qui font contrepoids à ce besoin fou d'aimer, de se dévouer, de souffrir.

La femme a besoin de sentir au-dessus d'elle une douce autorité (même celle d'une amie), pour refréner les élans irréfléchis, immodérés, de son cœur; car il s'en faut de beaucoup qu'elle soit l'égale de l'homme. Elle lui est très souvent supérieure, son égale, jamais. Savoir se maîtriser, acquérir l'empire sur soi-même, voilà ce qui lui manque. La voie de l'éducation sérieuse dans laquelle on est entré fortifiera, chez les femmes, espérons-le, l'ascendant de la raison, sa prédominance sur l'imagination et la sensibilité.

On parle sans cesse de l'égalité entre l'homme et la femme; les uns la réclament, les autres la refusent. On est surpris de voir même de nobles intelligences accueillir les théories les plus extravagantes qui prêchent l'émancipation de la femme. Il y a un moyen de tout concilier : Reconnaissez à la femme son droit au dévouement. Elle aime, elle s'oublie, elle s'efface, elle aspire à être l'ange gardien d'un autre être.

Sans phrases socialistes, sans attitude théâtrale, sans autre espoir que d'être utile aux siens, elle sera une bienfaitrice. Quelle plus noble destinée?

Mais avant toute chose, il faut inculquer aux jeunes gens, le respect de la femme. Qu'ils songent à leur mère! Le sentiment de l'honneur et le respect pour la femme doivent être solidaires. Ce prétendu point d'honneur masculin si chatouilleux, qui s'offense d'une vétille et qui lave dans le sang d'un adversaire un propos de coulisses ou de champ de courses, il est temps enfin que ce point d'honneur s'émeuve aussi quand il s'agit du respect dû à la femme.

Le seul droit que les femmes aient à revendiquer, c'est le respect. Les Yankees sont entrés dans cette voie depuis longtemps.

Il faut avoir au moins le bénéfice d'une situation pénible pour la supporter facilement ; quand une femme a doublé le cap de la jeunesse elle subit une vraie transformation ; elle ne compte plus comme beauté, comme grâce féminine. Qu'elle se garde bien de prendre des allures masculines. Ce qui lui est permis, c'est d'allier la liberté d'esprit d'un homme à la modestie de la femme ; elle peut aborder des sujets de conversation que la timidité, la réserve de la jeunesse interdisent. C'est un privilège charmant, une sorte d'été de la Saint-Martin pour l'intelligence ; la causerie intime en est toute rayonnante. Les vieillards comme les enfants ont le droit de tout dire. La vieillesse morose et triste est ainsi évitée ; elle devient souriante.

En chimie on appellerait cette transformation le sublimé de la jeunesse.

Quelle folie et quelle impiété de limiter la vie humaine à son printemps seulement! Pour la femme, la jeunesse est éphémère et disparaît même pendant les belles années ; souvent la fraîcheur de la vingtième année est tuée par la maladie ou par la maternité ; mais cette jeunesse fanée peut refleurir longtemps après. L'allaitement, l'éducation des enfants ont absorbé le temps et les forces ; toute santé, tout éclat semblent perdus ; cette jeune mère sera vieille à trente ans. Cependant les enfants ont grandi; à leur tour les voilà mariés, leur mère rentre en possession d'elle-même; sa vie est plus reposée; sa santé est revenue, ses facultés s'épanouissent et son visage retrouve le charme de la jeunesse. Mais une sotte routine a limité l'âge de la femme; passé quarante ans, elle ne compte plus, même celles qui ont acquis des grâces nouvelles d'esprit et de figure.

Et bien! non : l'âge n'est pas déterminé par le nombre des années; l'évolution de la terre autour du soleil a moins de part à notre transformation que l'hygiène de l'esprit et du corps. Des habitudes laborieuses, l'activité intellectuelle entretiennent la jeunesse. Voilà le vrai cosmétique; même la maladie est impuissante à nous vieillir moralement. A l'extérieur, hélas! la maladie déforme la figure, les soucis, les chagrins vivement ressentis modifient jusqu'aux traits, les creusent profondément. Tout sentiment violent, toute pensée triste laissent une marque sur le visage. A force de se répéter les empreintes les plus fugitives deviennent ineffaçables, comme les stries produites sur les rochers par la marche insensible des glaciers.

On assure que l'ombre elle-même laisse des

traces sur la muraille blanche, pourtant l'œil humain
est incapable de les apercevoir.

Rien ne me semble plus étrange que cette manie
de nos jours de vieillir toutes choses, les femmes,
les hommes, les idées, les livres, la musique. On a
trouvé moyen de rendre le temps encore plus
rapide, sa faux encore plus tranchante :

« Ça a vieilli. » Et il s'agit d'une musique
adorable.

« Ça a vieilli, » à propos d'une charmante
comédie qui a eu du succès et qui en aura toujours.
« Pourquoi vieilli? — Ce n'est plus dans le mouvement. — Précisément, vous vous plaignez que
la littérature baisse, que les œuvres actuelles sont
inférieures à celles d'autrefois? Cette comédie qui
a trente ans de date n'appartient pas au genre
réalisme, *naturalisme*; elle a conservé les traditions de l'art et du sentiment. Est-ce pour cela que
vous n'en voulez plus? Vous faut-il le miroir fidèle
de la journée que vous venez de passer à votre
bureau, dans un salon, au café, au club? La mode
change tous les ans pour les costumes; l'esprit doit-il
se soumettre à chaque saison aux caprices de la
mode, même si elle est disgracieuse ou indécente?

Il est rare qu'on ait la figure qu'on mérite. Le masque de Socrate en est l'exemple. Parmi les personnages illustres il n'y en a peut-être pas un seul dont le visage et le génie s'accordent.

Victor Hugo et George Sand ne font pas exception à cette remarque. Pourtant Voltaire et Michelet sont des figures très réussies et en harmonie avec leur nature. Racine avec ses traits nobles, classiques, un peu efféminés, rappelle sa création royale et sainte, Esther.

Mais que dire de ces effrayantes méprises de la nature, de ces types délicieux de beauté, Néron enfant, Louis XV adolescent?

Il y a des physionomies qu'on pourrait analyser chimiquement, tant elles renferment de sels, d'acides ou d'amers. Je ne parle ici que de figures restées très jeunes. Là où les années, la maladie, les angoisses ont exercé leurs ravages il ne subsiste qu'un champ de bataille, un sol labouré, sillonné; les fondrières ne permettent plus de vue d'ensemble sur le paysage d'autrefois. La lumière du ciel peut seule prêter à cette contrée désolée un sourire, un charme voilé.

Combien peu de physionomies résument à la fois l'esprit, la douceur!

Il y a des figures inspirées, héroïques, saintes qui vous transportent dans ces régions célestes qui semblent leur patrie. D'où vient leur expression surnaturelle? Quel est le secret de cette divine sérénité? L'absence de soucis matériels. Elles ne les ont jamais connus. L'absence de l'indignation. Jamais elles n'en ont éprouvé. Dès le berceau, ces créatures privilégiées, entourées d'êtres adorés et adorables, père, mère, sœurs, frères, tous ne formant qu'une seule âme, un seul amour, ont été enveloppées de tendresse. Quelle armure dès l'enfance! Le monde peut-il vous atteindre quand cette vivante barrière, cette force protectrice vous sépare de tout ce qui offre un péril, une difficulté?

Ajoutez à cette existence si heureuse une seconde illumination par l'Art. Vivre dans la société des figures immortelles créées par les maîtres de la sculpture, de la peinture, c'est presque en faire partie. Un rayon de leur génie se reflète sur le visage ; de là cette imperturbable sérénité de notre chère sainte Agnès.

Je voudrais tenter une nouvelle définition de la

famille, de la religion, de la propriété. Et ce ne serait nullemement une diatribe politique.

Ne touchons pas ici à la question religieuse. Mais pour la propriété, ai-je besoin d'actes notariés, de portefeuilles bourrés de billets de banque pour acquérir des prairies en fleur, traversées de clairs ruisseaux, plantées de beaux arbres, encadrées de collines bien ombragées?

Que de paysages ravissants m'appartiennent à ce titre! Quelle province de France où je ne possède de vastes étendues de forêts, des vallons pittoresques! La forêt de Seillon est à moi; Certines m'appartient encore; les bois de Viroflay et même ceux de Trianon sont à moi. Et que d'autres propriétés en Franche-Comté, en Dauphiné, en Savoie et en Auvergne!

Pour la famille, voici ce qui la constitue à mes yeux : un lien impérissable nous unit à des êtres, hier étrangers, désormais frères en esprit, depuis que nous avons reconnu en eux la même origine intellectuelle que la nôtre, les mêmes principes, les mêmes sympathies. Qui sait? Peut-être dans d'autres sphères n'y aura-t-il d'autre parenté que celle des âmes nées du génie et de la bonté.

10.

L'imprévu gouverne le monde. Le hasard arrange les choses mieux que toutes les combinaisons humaines. Comment l'idée d'une Providence qui intervient à toute occasion ne serait-elle pas venue aux pauvres mortels? Et cependant, si l'on cherchait bien au fond de ce qu'on nomme le hasard, on trouverait souvent une raison logique des choses, une conséquence des faits premiers. Ainsi le hasard n'entre pour rien dans la rencontre de deux esprits sympathiques, éloignés par la distance, inconnus la veille l'un à l'autre ; c'est leur parenté, leur affinité morale qui les a rapprochés.

Il n'est pas vrai que chaque sol crée la nature spéciale de l'homme comme il crée les arbres, les fleurs. La géographie botanique nous apprend qu'à chaque altitude correspond une flore particulière. Dans tous les pays et dans une certaine région, on retrouve les mêmes plantes.

Combien cela est plus vrai pour la créature morale : elle ne dépend pas seulement du terrain et de l'air ambiant, mais surtout du degré d'élévation où le sort l'a fait naître.

L'élévation morale suit la loi de la végétation : L'orage peut vous tordre, vous briser; mais l'attitude naturelle de l'âme comme de la plante c'est de monter droit vers la lumière.

Versez la lumière du cœur, l'indulgence, l'affection même à ceux qui ne seraient pas irréprochables.

Quand les tristes expériences sur la nature humaine se multiplient à l'infini, on devrait redoubler de commisération et en conclure : ce n'est pas la faute individuelle de telle personne, mais une infirmité commune à tous. La santé, comme la droiture morale, est presque un état d'exception aussi bien que la beauté parfaite.

Si la découverte d'une belle âme nous transporte de bonheur et devient un événement dans notre existence comme serait pour l'astronome la découverte d'un astre nouveau, si cet accroissement de vie et d'affection nous dispose mieux en faveur de l'humanité qu'elle honore et sur qui rejaillit la noblesse de cette âme d'élite, il faut bien admettre aussi, à l'autre extrémité du pôle moral, des faiblesses, des médiocrités presque universelles. Elles commandent l'indulgence.

Tant pis pour ceux qui seraient tentés de railler les êtres candides qui croient au bien. Ceux-là

se préparent une vieillesse décrépite, décolorée.
A défaut d'amis, ils n'auront pas même ces enfants
de leur jeunesse, je veux dire les illusions généreuses qui tiennent compagnie dans l'isolement et la
détresse.

Terrible désaccord entre la générosité naturelle
de l'âme française et la dessiccation où elle peut
arriver grâce à une culture mal dirigée. Une éducation toute en formalisme, une religion vide de
sentiment religieux, voilà les deux causes de cette
sécheresse.

Comment admettre qu'il existe dans la nature
humaine un état qui s'appelle l'indifférence? Il n'est
que trop vrai, la pierre brute ne sent rien, et
pourtant l'étincelle peut en jaillir; mais que voulez-
vous tirer d'une âme inerte, incapable de subir
un choc électrique, et où le mouvement et la chaleur font également défaut?

Tout est malentendu sur la terre; on n'a que peu
de jours à vivre et on ne s'entend pas, on ne parle
pas la même langue quand on n'appartient pas
à la même famille intellectuelle.

Le ricanement, si fort à la mode, a stérilisé plus
d'un esprit; tous ces beaux railleurs se croient plus

fins que le reste du monde; eh bien! ils ne feront jamais rien qui vaille.

Le ricanement saisit à la gorge le jeune échappé du collège et devient sa physionomie d'emprunt, son masque, sinon sa figure réelle. Il y a comme cela des épidémies qui sévissent à diverses époques : autrefois c'était la légèreté, la frivolité un peu cruelle de la basoche; puis la rose des vents a changé. Après la Terreur, après le débordement des mœurs sous le Directoire, on péchait par un excès de sentimentalité : c'était alors le règne de la romance, comme aujourd'hui le règne de la chanson du Café-Concert. L'une et l'autre sont un signe caractéristique des temps.

C'est surtout en présence d'une nature sceptique qu'une âme vraie perd sa force d'expansion; ses dons s'annihilent; elle se retire en elle-même, sachant bien que nul son n'est transmissible dans le vide parfait. On exerce plus d'action sur des êtres déchus et capables de rédemption. Que faire sous une cloche pneumatique, en face du doute incarné?

On est avec les autres comme ils sont avec nous; on se moule sur leurs manières; on descend ou l'on remonte à leur hauteur barométrique. Les formes chevaleresques provoquent en nous un même désir de courtoisie; une parole aimable, vraiment française, influe sur notre conversation; enfin la rondeur, la franchise d'allure nous mettent à l'aise autant que la froideur nous paralyse. Dans une première entrevue, rarement on est *soi-même*, on se met au diapason d'autrui. Cela ne devrait pas être; la supériorité consiste à imposer le ton; une nature absolue s'affirme en pareil cas et domine. Si on est d'un naturel timide, on éprouve le besoin de sonder le terrain, de ne pas s'aventurer avant d'être orienté. Aussi voilà à quoi servent les formules de la politesse; elles remplissent l'intervalle entre les préliminaires obligés d'une nouvelle connaissance; mais ces préliminaires durent toute la vie pour les gens du monde.

A quoi tient cette absence de fixité dans notre personnalité? Peut-être ce que les naturalistes ont nommé « la mimique », cet instinct d'imitation observé chez les animaux se retrouve-t-il chez l'homme d'une façon inconsciente?

Les naïfs seuls se figurent encore que les mots expriment ce qu'on pense. Quelle erreur! La parole sert à une seule chose : elle vous dispense d'agir.

On vous donne des mots, cela suffit. L'art de M. de Talleyrand est dépassé dans le manuel courant de la bonne compagnie : une phrase délicatement tournée dispense absolument la parole d'être suivie par l'acte qu'elle annonçait.

Et voilà pourquoi Alceste a l'air chagrin. Il a tort, mille fois tort, et dans ce tableau de banalités souriantes si joliment groupées sa figure renfrognée fait un contraste déplaisant.

L'air indifférent des mondains, c'est le zéro du baromètre; leur dédain affecté marque un degré au-dessous de la glace. Le thermomètre baisse de plus en plus avec l'infatuation, l'arrogance suprême qu'ils ont pour tous ceux à qui on pourrait appliquer le mot : *Sancta simplicitas*. Rien de commun entre eux; ils n'appartiennent pas au même orbite terrestre.

Pour celui qui vit en tête à tête avec ses propres pensées, les choses humaines perdent leur signification réelle et ne sont plus que matière à réflexions philosophiques. Eh bien! c'est un grand tort; il faut faire la part du travail et de la distraction, savoir s'amuser d'une visite mondaine comme d'un spectacle aux Français. Elle vous arrive parfois comme un secours hygiénique. Les gens du monde ne croient pas du tout à ce qu'ils disent, oh non ! mais leurs paroles si aimables, leur approbation, toute de convention, leur bonne grâce vous font un délassement ; c'est une respiration nécessaire après le travail. Un autre avantage c'est que, pendant une heure, on est forcé de refouler ses peines ; on croit les avoir domptées ; c'est toujours cela de gagné.

Sans doute ces paroles ne viennent que du bout des lèvres, et n'ont d'autre valeur que leur élégance correcte. Le suprême bon ton, c'est de ne rien affirmer, de ne rien louer. Ne parlons ni d'enthousiasme, ni d'admiration. L'indifférence dédaigneuse est le premier signe du savoir-vivre. Comment deux personnes si différentes, l'une concentrée dans la vie de la pensée, l'autre flottant à la surface des choses, pourraient-elles jamais se comprendre ?

Heureusement il existe de nombreuses exceptions, et même quand les mondains n'auraient pour eux que le don de la politesse, on les étudierait avec plaisir ; au besoin on essaierait de les imiter. La vraie courtoisie possède l'art de vous faire croire que vous êtes la personne préférée entre toutes ; un sentiment d'élection paraît dans la manière dont vous êtes accueilli. Si vous voulez plaire, choisissez un sujet de conversation qui intéresse les autres plus que vous-même. Si vous voulez rendre un service, mettez-y une exquise discrétion ; que ce soit tout à fait à l'insu de celui que vous voulez obliger. Qu'à la surprise de la découverte et de la reconnaissance s'ajoute le charme de constater la délicatesse et le respect. C'est là un procédé vraiment gracieux, vraiment français.

On peut s'avouer tout bas que notre démocratie a pris une rudesse, une âpreté incroyable de langage et de manières. On croit être quitte de tout avec ces deux mots : *merci, pardon.*

Un des procédés nouveaux dans la conversation c'est de convaincre l'interlocuteur qu'il a tort. La vraie politesse s'ingénie au contraire à prouver que les autres ont raison, surtout si l'on parle à une femme. Elle a droit à ces égards ; jamais on ne lui en témoignera assez. Comparez la rudesse d'aujourd'hui à l'urbanité d'autrefois. Des hommes aimables se font un plaisir, un devoir de vous démontrer que vous n'avez pas le sens commun.

Un instinct très sûr fait deviner la valeur, le caractère d'une personne; on lui parle le langage qu'elle est apte à comprendre, on lui accorde le degré d'intimité qu'elle mérite. Les mondains, au contraire, se soucient fort peu de cette distinction. Ils prodiguent leurs paroles courtoises, leurs grâces d'esprit aux personnes *comme il faut*. C'est la toilette d'esprit qui décide.

Pour les natures simples, il en est tout autrement; elles classent leurs préférences d'après la valeur morale. La séduction des manières, si irrésistible pourtant, est loin d'être leur règle; la droiture, la sincérité passent avant tout.

Ce qui fait le charme et la durée des relations, c'est d'avoir le même culte de l'idéal ou du moins les mêmes goûts intellectuels. Les désœuvrés vivent pour tuer le temps et ne prennent aucun intérêt aux gens laborieux. Il est vrai que leur vie oisive offre peu ou point d'attraits pour ceux qui attachent un prix énorme à chaque heure de la journée.

En somme, on s'intéresse uniquement à son semblable.

Ceux qu'on aime existent seuls pour nous. Quant

aux indifférents, ce qu'on peut dire sur leur compte de plus équitable c'est qu'ils sont comme les générations futures, qui naîtront, et arriveront à leur tour. On leur souhaite beaucoup de bien, on tâche d'y contribuer, ne fût-ce que pour une faible part, mais on ne s'en occupe pas d'une façon spéciale.

Aimer des âmes véridiques, vivre de la vie du cœur, tout est là, même pour l'inspiration de la pensée.

J'ai revu cette femme admirable que je n'espérais plus retrouver en vie, mais vit-elle réellement? elle n'appartient pas à la terre.

Nous étions seules, dans le grand salon glacé, elle à genoux devant le feu, ses mains dans les miennes et parlant à voix basse de sa fin prochaine, avec une résignation, un calme, une douleur contenue et profonde. O qu'elle était touchante! Cette existence si pure, si bien remplie, toute de vertu, d'activité bienfaisante, si nécessaire à sa famille, la voir disparaître, bientôt peut-être! S'éteindre, s'évanouir!... ô dure loi! Quel malheur immense pour tous les siens, pour ce foyer qui abrite toute la sainteté qui peut exister sur la terre. Si ce mot de sainteté est fait pour un mortel, c'est bien cet homme qui le mérite : âme candide, ignorant absolument le mal, ignorant même les défauts d'autrui. Il nous fait l'effet d'un portrait des vieux maîtres, une œuvre d'art qu'on regarde avec piété. On est réconforté par ce regard profond, lumineux et pur; cette expression céleste n'appartient qu'aux vieillards de Raphaël, de Titien.

Le Vrai, voilà l'état naturel de l'âme. Le faux est l'état anormal, monstrueux. Nous le sentons à la douceur infinie, à l'épanouissement de tout notre être quand nous sommes entourés de personnes droites, vraies. Nous le sentons au malaise affreux que nous éprouvons au contact des gens dissimulés. L'homme méchant vaut mieux que l'homme faux. On peut dire que l'homme faux n'a plus de vie, il est à l'état de décomposition, chaque atome de son esprit annule l'atome voisin; c'est un amas grouillant de molécules sans cohésion où la vie organique n'est qu'une dissolution fermentée.

Tout serait simplifié, sauvé en ce monde par la sincérité. Les complications les plus redoutables proviennent des réticences, des arrière-pensées. O la franchise! la parole nette, droite, le cœur sur les lèvres, le Vrai dans la vie!

Je vois là-bas un arbre magnifique perché sur une roche nue, dépouillée de toute terre végétale. Comment se nourrit-il? Où est l'explication de ce phénomène? Je me figure que ce vigoureux sapin était déjà fortement enraciné, couronné de feuillages quand le rocher a été précipité du faîte de la montagne dans la vallée. La terre végétale a disparu peu à peu, après l'écroulement, et sous les orages et sous les intempéries; mais l'arbre parvenu à la plénitude de son organisme a continué à puiser la vie par le sommet, non par la base. L'air, la lumière, la rosée céleste, ont alimenté sa vie.

L'âme aussi se tourne vers les hautes régions pour y trouver les forces, l'appui qui manque sur la terre après l'écroulement du bonheur.

IX

LE VRAI DANS L'ART

TRAGÉDIE

O mes saints patrons, ô Corneille! Racine!
Puissé-je passer encore cette soirée dans votre
société bénie! Vos œuvres divines sont une sanctification pour mon âme, vos héros, des amis selon
mon cœur.

Ce que l'Évangile est pour le chrétien, Corneille
l'est pour moi.

Après les lectures variées du soir, qui abrègent
la veillée, arrive enfin une heure où tous les bruits
du dehors ont cessé : la maison est plongée dans un
silence profond; on n'entend ni piano, ni portes
qui s'ouvrent. Alors, dans la solitude, que je ne
trouve pas encore assez profonde pour le recueillement nécessaire, à la lueur de la lampe qui n'éclaire

pas assez des yeux fatigués, j'ouvre avec dévotion le livre sacré, une grande édition reliée en rouge, dorée sur tranches comme un missel. La liturgie commence.

Quels dialogues intérieurs avec le génie de Corneille et avec l'âme de ces personnages qui lui doivent la vie et l'immortalité! Ah! si je pouvais transcrire ces muets entretiens!...

Mais il ne faudrait pas avoir un cœur si ému.

Les chefs-d'œuvre d'Eschyle, de Sophocle, d'Euripide, ont été écrits dans un âge de liberté, dans une civilisation arrivée à son apogée. Eh bien! je me demande si leurs inspirations sublimes, leurs maximes héroïques égalent celles de Corneille, ce Français qui vivait sous le règne autoritaire de Richelieu et de Louis XIV.

Corneille m'apparaît comme le véritable ancêtre de la Révolution française, de 1789, cette pure aurore de la liberté. L'amour de la patrie, la régénération de l'âme humaine, le culte de l'héroïsme, les sentiments magnanimes, voilà l'essence de son génie. L'éternelle beauté du devoir nous parle avec une éloquence extraordinaire dans chacun de ses vers. Aussi quelle destinée unique au monde! il inspire un même enthousiasme aux grandes dames de la cour de Louis XIV et aux austères républicains. Toutes les âmes éprises de liberté, de justice se sentent filles de Corneille.

Corneille, c'est le bréviaire sacré; quelques lignes suffisent chaque soir pour apaiser l'esprit agité par les luttes du jour. L'âme se recueille dans ces régions sereines où le sacrifice, l'immolation au devoir semblent tout simples, et si faciles à la condition humaine qu'ils donnent le bonheur.

Dites-moi où donc Corneille a pris cette flamme de patriotisme, ce profond amour de la justice, de la liberté, qui ne se trouve à un tel degré chez aucun historien grec ou latin?

La vraie Bible du patriotisme et de la liberté, le fondement de toute grandeur, de tout héroïsme, voilà l'œuvre de Corneille. Ce vieux bourgeois de Rouen, contemporain du roi-soleil, renferme dans sa poitrine toutes les grandes âmes de l'antiquité, et de plus, les innombrables légions de héros qui nous ont fait une France grande et magnanime. L'avenir le plus lointain découlera encore de cette source de vie.

Plus on le relit après un certain intervalle de

temps, plus son génie se révèle sous des aspects inconnus.

Il y a dans *Horace* des passages qui ont inspiré les chants héroïques de 92, ils ont agi directement sur la Révolution :

Le sort, qui de l'honneur nous ouvre la barrière,

Et plus loin :

Mourir pour le pays est un si digne sort,

En lisant une tragédie de Corneille, on est forcé de s'interrompre à tout moment ; l'émotion est trop forte ; on murmure involontairement : c'est trop beau !...

Pour moi, la tragédie d'*Horace* est le sommet de l'œuvre. Rien de plus sublime que le rôle du père.

Impossible de lire sans pleurer ce beau passage :

Que des plus nobles fleurs leur tombe soit couverte;
La gloire de leur mort m'a payé de leur perte.
Ce bonheur a suivi leur courage invaincu,
Qu'ils ont vu Rome libre autant qu'ils ont vécu,

Et quelle haute idée Corneille se faisait du mariage, de l'unité sacrée du mari et de la femme. Horace dit à Sabine :

> Si l'absolu pouvoir d'une pudique flamme
> Ne nous laisse à tous deux qu'un penser et qu'une âme,

Ah! qu'il soit béni aussi pour la forte pensée de ce vers superbe, notre appui dans les grandes crises :

> Faites votre devoir, et laissez faire aux dieux!

O Corneille! tu sembles dire : Ne craignez rien pour votre mémoire! Vous serez protégés par vos bonnes actions.

Oui, ayons confiance dans la justice des choses, cette logique éternelle qui remet tout à sa place quand la vérité paraît sacrifiée.

Que signifient les statues auprès de telles œuvres? Les monuments impérissables élevés à la gloire de Corneille, mais ce sont *Horace, le Cid, Polyeucte, Cinna*!

On a lu et relu cent fois tous ces chefs-d'œuvre, et à chaque lecture ils semblent plus nouveaux. Enfin un moment arrive où l'on se dit : « C'est

aujourd'hui seulement que je les comprends. » Ah !
c'est que les désastres de la vie bouleversent l'âme
comme un sol retourné de fond en comble par le
fer de la charrue. Vienne une heure d'apaisement,
on se retrouve avec des facultés toutes nouvelles.
Les violentes commotions de la douleur secouent et
déracinent, jusque dans les profondeurs de notre
être, les pensées d'autrefois, les impressions anté-
rieures. Dans ce cataclysme disparaît tout ce qui
n'est pas assez robuste pour résister. Peu à peu le
calme se fait et des idées justes, vraies, surgissent
dans l'esprit pacifié, purifié, puisqu'il a traversé les
régions de la mort.

Il serait curieux d'analyser les impressions que
les classiques nous ont fait éprouver à diverses
époques de notre vie. Au début des études enfantines, Corneille et Racine s'identifient avec les
citations grammaticales, avec les règles de la syn-
taxe. Aussi laissent-ils une impression d'ennui.

L'année suivante, l'enfant lit par devoir scolaire
les chefs-d'œuvre et n'y comprend rien, à peine
l'harmonie des vers.

Heureux les jeunes gens qui de bonne heure les
ont vus sur la scène, interprétés par de grands

artistes! La révélation est alors immédiate. En une seule soirée, l'initiation par la Comédie-Française vaut tous les cours de littérature, tous les commentaires des professeurs.

Pendant vingt-quatre ans nous avons repris pour nos lectures du soir un des chefs-d'œuvre classiques. Plus qu'une autre j'aurais dû en être pénétrée, mais je n'étais préoccupée que d'une seule chose : lire de mon mieux pour épargner les yeux fatigués de celui qui m'écoutait. Après le travail de la journée, c'était pour lui le repos. Un sourire, un mot d'approbation çà et là, et c'est tout ce que je recueillais : point de dissertation littéraire, aucune conversation d'art, comme on pourrait croire. Corneille, Racine, Molière, La Fontaine alternaient avec leurs frères en génie de l'antiquité, uniquement pour terminer une journée laborieuse par un hymne de paix.

C'est dans ce même esprit que j'ai repris ces divins maîtres, comme un baume à la douleur; mais Corneille et Racine n'étaient pour moi qu'une musique sacrée; toujours nouveaux, toujours différents selon l'interprétation que leur donnait l'âme attristée.

La Comédie-Française me met enfin au vrai diapason de ces chefs-d'œuvre.

Depuis Rachel jusqu'en 1886 je n'étais plus retournée aux Français. Et maintenant, après avoir vu jouer nos grands artistes, je recommence à nouveau *Horace, le Cid*, et je dis : Les *Vies des Hommes illustres* de Plutarque fournissent moins d'héroïsme, moins de grandeur d'âme que notre Corneille, ce Français plus Romain que les Romains.

Les larmes qu'il fait couler, loin d'amollir le cœur, le retrempent comme l'acier.

L'histoire des guerres de la République et la Campagne de 1815 m'offraient autrefois un réconfort dans la tristesse; ces miracles d'héroïsme et de sacrifices pour la patrie nous arrachent à nous-même. Eh bien! cette même vertu fortifiante se retrouve dans chacune des grandes tragédies de Corneille.

Je l'avoue, pendant très longtemps j'ai refusé d'admettre Racine dans cette citadelle sacrée. *Andromaque, Bérénice, Bajazet* inspirent le ravissement littéraire; cette perfection si rare cause des transports d'admiration, l'esprit reste rasséréné; mais on ne sent pas le renouvellement moral, la transfiguration qu'on doit à Corneille. Cependant *Mithridate*, *Esther*, *Britannicus* m'émeuvent profondément; à mesure que je pénètre tous ces caractères, mon âme est bouleversée comme par les héros de Corneille.

Il y a dans *Mithridate*, dans *Esther*, dans *Britannicus* de ces mâles accents, de ces figures superbes qui vous élèvent à la hauteur d'âme cornélienne. Oui, ces trois chefs-d'œuvre ont la *hauteur d'âme de Corneille* jointe à la grâce, au charme idéal de Racine. La figure de Monime est une des plus touchantes que le pinceau des maîtres antiques et modernes ait créées.

Dans sa critique de *Cinna*, Corneille avoue que de toutes ses tragédies c'est celle qui a été trouvée la plus parfaite; il semble partager cette opinion. Ce n'est pas la nôtre. Cette fable de la clémence d'Auguste était faite pour plaire au xviie siècle; la fiction s'imposait nécessairement. L'adoption d'Émilie est aussi vraie que la générosité d'Octave. Si son âme pétrie de fourberie, si ses mains teintes de sang abandonnent le pouvoir, c'est par satiété d'ambition, c'est aussi par crainte de l'éternelle Némésis. Sa rouerie politique essaye de désarmer le bras du conspirateur, en l'accablant de bienfaits.

Dans *Cinna*, si le poète a fait fléchir son rigorisme, son antique vertu, en accommodant son héros selon les besoins monarchiques du temps, s'il a créé un Auguste magnanime, c'est que tous les historiens et poètes latins, Virgile le premier, ont sculpté une statue idéale, non celle du véritable Auguste. Même de nos jours, peu d'écrivains ont échappé à la fascination de César, homme de génie, âme scélérate.

Je reviens à l'éducation par le théâtre. Dans l'artiste s'incarne chaque type idéal créé par le poète ; en lui revit une lignée de héros et d'êtres adorables et adorés. La Vénus de Milo n'est pas un portrait ; le sculpteur inconnu a réuni en elle la beauté des lignes qui l'ont charmé dans plusieurs types ravissants, mais absolument divers.

Un grand artiste devrait avoir la haute ambition de réaliser de cette même manière le Beau éternel. Son âme devient vraiment le sanctuaire de la poésie, le foyer d'une lumière qu'il peut répandre à son gré sur la foule, pour l'élever, la moraliser, l'ennoblir.

Dans ce temps où le réalisme a effacé tout vestige d'idéal, on ne le retrouve que chez le véritable artiste, digne de personnifier les créatures poétiques.

Un grand artiste peut aider aussi à ramener la vérité dans la peinture. La mode, l'influence du siècle agit sur les peintres. Pendant la Révolution, pendant l'Empire, ils s'inspiraient de la Grèce, surtout de Rome.

Les tragédiens à leur tour cherchaient leurs attitudes dans les tableaux de David. Je vois encore les gestes académiques de Beauvallet, Ligier, Joanny, imités du Serment des Horaces. Rachel, seule, resta vraie. Sans doute elle dut beaucoup à la statuaire grecque, mais sa forme noble et pure, son génie, son beau naturel s'harmonisaient avec les types antiques, et c'est ainsi qu'elle a pu nous donner l'illusion d'une figure de Phidias descendue de la frise du Parthénon.

Presque tous les tragédiens se forment par l'étude des modèles classiques, mais ils ne tiennent aucun compte de l'intuition; la vie n'entre pour rien dans leur talent.

Oui, le tragédien inspiré pourrait restituer les

figures de l'antiquité grecque et romaine. C'étaient des hommes enfin que ces héros! Celui qui saura les faire revivre sur la scène renouvellera le type véritable pour les tableaux d'histoire.

Maintenons très haut le drapeau classique; il n'est que trop délaissé dans les études grecques et latines. Nous retournerions à la barbarie; il nous faudrait au xxe siècle une autre Renaissance. Surtout gardons-nous de vouloir moderniser la tragédie classique, de la revêtir des petites idées étriquées, à la dernière mode du boulevard, de la juger sur le ton gouailleur de la chansonnette. Que deviendrait le grand art?

Il est certain que tout acteur de talent est le collaborateur de l'écrivain qu'il interprète; il creuse son rôle et lui fait rendre tout ce que l'esprit y a mis d'intentions et de sous-entendus. Le plus spirituel des auteurs n'a jamais songé à tout ce que Got et Coquelin ajoutent à la conception du rôle écrit. Shakespeare serait émerveillé de son *Hamlet*, s'il y voyait Mounet-Sully, après la longue série des tragédiens qui y ont excellé.

Tirer de chaque ligne, de chaque mot ce qui peut embellir un rôle, voilà ce qui fait le grand artiste; il perfectionne, il achève la pièce. Souvent il révèle au poète ses pensées voilées, confuses; il les débrouille, il en découvre le secret de cœur et d'esprit.

Ce qui perd les acteurs débutants, c'est l'imitation; ils ne s'inspirent pas assez de leur propre nature et suivent trop docilement les leçons du professeur. Les plus grands effets de Rachel étaient obtenus par des moyens très simples, des gestes sobres, une voix naturelle. Les cris, les gesticulations frénétiques n'expriment pas du tout la passion. En aucun temps, chez les Grecs, les Romains et les Français, le cœur humain n'a emprunté un accent de voix affecté ni des contorsions pour peindre les grands sentiments.

Noblesse, vérité, simplicité, voilà ce qui doit animer ceux qui affrontent le feu de la rampe.

La plupart des actrices n'entrevoient pas d'idéal supérieur à madame Sarah Bernardt, et, bien entendu, elles restent fort au-dessous de ce modèle très factice.

Depuis Rachel, peu d'actrices ont trouvé l'accent de la tragédie. Les études du Conservatoire devraient pourtant leur révéler l'esprit classique.

L'extérieur du rôle (figure et costume) n'est rien, si Camille, Iphigénie, Roxane, Chimène n'ont pas une âme tragique; si le génie de Rome, de la Grèce, de l'Orient, de l'Espagne n'a vivifié le rôle. C'est comme dans la peinture moderne : un grand peintre prend le premier modèle venu pour représenter la Justice, la Loi. Sur le fronton du temple auguste je vois juchées de petites dames fort jolies : ce ne sont pas des Immortelles.

Oui, des études consciencieuses forment le goût, et donnent le sens de l'antiquité; alors, mais alors seulement, on aura des tragédiennes. Et ce qui est vrai du théâtre classique l'est aussi pour le théâtre de Shakespeare et de Victor Hugo : il exige les mêmes nuances appropriées au caractère de chaque pays, de chaque siècle. Il ne faut pas que la Parisienne de 1891 apparaisse dans le rôle d'Ophélie ou de doña Sol.

Que l'artiste écoute son propre cœur, et elle se rapprochera de l'antiquité et de la vérité. Après tant de siècles, la nature humaine se ressemble toujours, mais il faut l'interroger avec sincérité.

La voix des actrices aurait besoin d'une culture

sérieuse [1]; toute voix aiguë ou rauque a été faussée par le mélodrame. Gouverner la voix, l'assouplir, en faire un instrument harmonieux, cela est possible, même si on n'est pas doué par la nature. La voix répond à l'émotion intérieure.

Si vous représentez le monde élégant, vous êtes tenu de perpétuer les traditions de la société aristocratique. Sans doute, mainte duchesse au grand nom historique a la voix dure et cassante, et pourtant on ne reconnaîtra ses titres de noblesse qu'à son extrême distinction, et à sa voix mélodieuse.

La toile se lève, une femme charmante, richement vêtue d'un costume historique du XVIᵉ ou XVIIᵉ siècle, se tient là dans une attitude pleine de grâce et de majesté; au premier mot, le charme est troublé par le son guttural des mots qu'elle prononce. Ce n'est plus une reine, une duchesse, ni espagnole ni française, cette voix est celle du demi-monde.

Un lien très étroit d'affection, de respect unit l'artiste à l'homme de génie dont le rôle lui est

1. Les voix mélodieuses de mesdames Reichenberg et Barretta font exception.

confié. Chimène et Marie de Neubourg deviennent
pour quelques heures filles de Corneille et de Victor
Hugo.

Essayons de dire un mot sur *OEdipe-Roi*.

Deux divinités sans cesse invoquées, la conscience, la justice, dominent dans cette œuvre. Trop
oubliées de nos jours, il est bon de les rappeler.
Je ne sais, en vérité, ce qui vous émeut le plus,
OEdipe ou les Thébains éplorés, tous harmonieusement groupés sur le parvis sacré du temple, du
palais, et encadrés dans un paysage délicieux. Les
attitudes, les gestes, les pas rythmés des jeunes
filles, des jeunes gens, bergers, guerriers, vieillards, prêtres, cette restitution antique nous transporte à vingt-quatre siècles en arrière.

Mounet-Sully est la perfection même dans ce
rôle. Pourtant je me demande si Talma se serait
livré ainsi à la fureur moderne, à ce jeu exubé-
rant; il me semble que les anciens se maîtrisaient
davantage. Les scènes où le grand tragédien est
inimitable, ce sont celles où s'exhale la tendresse
paternelle; ses moments d'émotion sont plus beaux
que sa terrible colère et ses cris rauques, effrayants.

Ce qui vous tient dans une anxiété continuelle, c'est moins l'épouvantable drame que la menace incessante d'un coup nouveau du destin. On le sent planer sur Œdipe, on est ballotté entre la vie et la mort, l'espérance et l'angoisse. Chacun des acteurs qui figurent le peuple, vieillards, jeunes filles, pâtres, messagers, personnifie un de ces mouvements de l'âme qui vous agitent avec tant de violence. Même pendant les récits où vous commenciez à reprendre haleine, au moment où l'innocence semblait évidente, où l'on se dit que l'infortuné ne tombera pas dans le gouffre creusé sous ses pas, oui, juste au moment où il croit poser le pied sur la terre ferme, le gouffre béant s'entr'ouvre.

On s'intéresse passionnément à Œdipe parce qu'il est une conscience, une conscience toujours en éveil. Il est innocent des crimes qu'il a commis. La morale antique l'absout du meurtre de son père; il ne le connaissait pas, il était en cas de légitime défense. Mais l'autre crime! rien ne le lavera de cette souillure. L'horreur s'attache à lui du commencement à la fin, même quand il s'est arraché les yeux et qu'aveugle, les orbites ensan-

glantés il commence son long pèlerinage de douleur. Émus de ses adieux à ses deux enfants nous
ne pouvons supporter ce spectacle qu'on reportant
notre pensée vers l'avenir, vers un autre chef-
d'œuvre de Sophocle, *OEdipe à Colone.*

Pendant qu'il s'éloigne en chancelant, à tâtons,
nous le revoyons, dans les bois de Colone, appuyé
sur le bras d'Antigone et exhalant son dernier
soupir aux chants du rossignol.

La mise en scène, les chœurs parlés et chantés
sont profondément émouvants, peut-être plus que
le rôle d'OEdipe lui-même.

La musique de Membrée soutient très bien le
caractère si pur que tous les artistes ont su
revêtir. Même sans cette musique je trouverais
une exquise jouissance dans les muettes harmonies qui enveloppent et pénètrent la scène comme
une vapeur lumineuse jetée sur la mer d'Ionie, sur
les marbres des temples et des palais, sur les
arbres, les rameaux, les guirlandes, les corbeilles
de fleurs, les costumes éclatants de blancheur des
jeunes filles et l'étincelante pourpre des rois. Cette
harmonie muette dont je veux parler, c'est le mouvement rythmé des jeunes suppliantes agenouillées

sur les degrés du palais, des femmes, des vieillards ;
ils inclinent leurs rameaux, ils tendent les bras, les
élèvent dans la prière, les abaissent dans le découragement, et toujours ces mouvements harmonieux,
avec ou sans musique, ont un rythme antique si éloquent qu'il rivalise avec les vers.

Près de l'autel d'Apollon veillent deux prêtresses ;
ces deux jeunes filles debout sur le parvis du
temple, dans des attitudes de cariatides, ont une
physionomie inspirée ; souriante quand l'espoir
renaît, désolée quand l'anxiété reprend. Elles personnifient la Bonté, la Pitié divine. Qu'elles sont
bienfaisantes ! Elles vous donnent la force de traverser les plus cruelles scènes.

Elles font rêver à l'idéal féminin ; on n'est vraiment femme qu'avec cette expression de pitié, de
bonté, de tendre compassion, avec ce sourire
céleste du pardon. La joie de proclamer l'innocence alterne avec l'horreur que fait naître le soupçon même du crime. Crime involontaire, mais
plus horrible que ceux dont l'imagination moderne,
pourtant si dépravée, puisse être hantée. Quand
Œdipe, assis sur le siège royal, cède pour un
moment à la lassitude des angoisses qui l'ont

secoué comme un ouragan, c'est une scène délicieuse, calmante ; il est abrité entre ces deux
génies, la Pitié, la Bonté.

Rien de plus touchant que de voir le malheureux
redressant instinctivement la tête vers l'une ou
l'autre de ces suaves figures qui versent alternati-
vement une parole de paix, d'espoir dans son âme.
C'est bien l'image sensible de ce qui se passe dans
le for intérieur d'un esprit bouleversé par la terreur, et qui brave cette terreur par amour de la
vérité et de la justice ! La grandeur d'Œdipe lui
vient de sa conscience toujours en éveil.

Une douleur tragique, un sublime désespoir plane
sur le chœur, s'exhale en paroles, en gestes, et
prête aux figures une expression de grandeur. Le
sentiment profondément religieux du chœur, du
peuple thébain vient surtout de ce qu'il représente
la conscience. C'est là ce qui fait l'intérêt immense
de la tragédie et vous soutient ; car la situation
est si tragique, qu'elle dépasserait les forces humaines. Mais le chœur fait appel à toute la gamme
des sentiments les plus nobles, vertu, piété,
ferveur, fidélité, et au-dessus de tout l'inflexible
conscience.

Voilà la grande différence entre les anciens et les modernes. Ceux-ci, par légèreté naturelle ou par sophisme, trouvent presque toujours le moyen d'apaiser leur conscience et de concilier les situations les plus difficiles. L'antiquité met l'âme à nu comme le torse de marbre où l'on voit palpiter le cœur, ou plutôt comme les statues des gladiateurs où la lutte apparaît dans chaque muscle.

J'ai revu une seconde fois *OEdipe-Roi*, et dans un moment très grave pour la vie nationale. L'âme était troublée du même effroi que les suppliants agenouillés au seuil du temple, les mains chargées de rameaux, implorant les dieux. Et pendant que le rideau se levait sur ce tableau superbe de poésie antique, moi aussi je suppliais le génie protecteur de la France d'avoir pitié de ce peuple, d'écarter de lui la discorde, de répandre la lumière et l'harmonie.

Nous avons été exaucés. Ce n'était pas la plèbe de Rome acclamant un faux César, c'étaient les libres citoyens d'Athènes qui applaudissaient *OEdipe-Roi*.

Un mot sur *Britannicus*. Dans ce rôle de Néron, Mounet-Sully est effrayant de vérité; on a

peine à suivre en imagination le dédale de sentiments féroces où il a dû s'engager pour les étudier,
les expérimenter et arriver enfin à les traduire avec
tant de naturel. Ce n'est pas avec une plume
trempée d'encre, ni avec les pinceaux chargés de
couleur que l'artiste peint et dépeint des situations
atroces. C'est le propre sang de ses veines qu'il
imprègne de cruautés. La noble face humaine
devient un masque d'épouvante que nulle créature
de la faune sauvage n'égalera en expression sinistre.
Enfin la démence sanguinaire de Néron apparaît dans chaque trait du visage, dans chaque
geste. Quel buste romain et quel portrait de Tacite
et Suétone surpassent la physionomie de Néron res-
suscitée sur la scène?

Quand un grand statuaire représente un combat
de bêtes féroces, s'il réussit à imprimer au marbre
la férocité des tigres déchirant leur proie, il a pu
s'inspirer d'un modèle vivant, offert par la nature ;
il ne l'a pas cherché en lui-même. Où est le modèle
de cette face effrayante de Néron qui exprime tour
à tour la soif sanguinaire des tigres, la souplesse
cauteleuse des panthères et la taciturne allure des
hyènes? Involontairement on songe au mot terrible

d'Epictète : « Tu portes au dedans de toi le sanglier d'Erymanthe, l'ours des cavernes, le lion de Némée. »

Oui, mais loin de les dompter, le tragédien les évoque dans son sein et les déchaîne.

De plus il mêle à la bestialité cruelle tout le raffinement de la perversité humaine, la dissimulation, la ruse et, ce qu'il y a de plus hideux, les sensations d'un Néron amoureux! On a hâte de revoir le crime en fureur.

Burrhus et Narcisse ont été interprétés admirablement. Ce sont là des têtes historiques : le dur et honnête Romain, un des derniers survivants d'un monde fini; l'affranchi rampant, type d'une espèce nouvelle qu'on a revu en 1852.

Avec quelle ferveur j'allais écouter *Iphigénie!*

Eh bien! ce n'est pas ce que je rêvais, ce n'est pas la tragédie antique. La mise en scène, costumes et décors, est superbe; l'éclat des couleurs me désoriente un peu comme la polychromie en sculpture. Les marbres antiques nous ont accoutumés à leur sévère blancheur, en harmonie avec le rythme solennel de la poésie et du grand art.

La toile se lève; on entrevoit au fond les gardes endormis; plus près de la tente royale, sur un lit de camp Arcas, le fidèle Arcas. Agamemnon veille seul, à la lueur de la lampe, traçant d'une main fébrile les lignes qui peuvent sauver sa fille; il est drapé dans son riche manteau de pourpre, son casque étincelant est à côté de lui.

Tout cela est magnifique, mais on a devant soi les enluminures splendides d'une édition de luxe de Racine, plutôt que l'âme de l'antiquité s'exhalant par la bouche du roi des rois.

Achille arrive, c'est une apparition. Il surgit comme un éclair, comme un fantôme. Il en a le visage livide, blafard.

Un Achille blond est-il de rigueur? Sacrifiez la tradition plutôt et gardez la nature; elle ne souffre rien de travesti dans la beauté. Elle veut que la jeunesse, l'amour s'expriment par la physionomie, non seulement par les gestes et la démarche aérienne *d'Achille aux pieds légers*. Le héros doit être très beau, très séduisant; nous n'en sommes pas aux premiers vers de l'*Iliade* :

> Chante, déesse, la colère d'Achille,

C'est l'aurore de la jeunesse, de l'amour. Sa

figure ne doit pas être ravagée par le crime, par le désespoir qui ont creusé de si terribles sillons sur le visage de Néron et d'Hamlet.

Le héros est jeune, il aime, il a des accents, des paroles d'une tendresse ineffable, et elles sont perdues, car elles n'illuminent pas cette figure où brille ordinairement tant de flamme. Achille, ce type de fierté, de bouillant courage, les fait sentir par le jeu, par la voix, non par la physionomie. L'âme ne paraît point sur le visage, et le lien essentiel manque entre l'artiste et le spectateur.

C'est ainsi que je m'explique comment le grand tragédien n'exerce pas sa magie dans le rôle d'Achille.

Iphigénie est très touchante; quelle figure exquise, fraîche et pure comme la source des bois où nulle image ne s'était encore mirée! Pour atteindre à la perfection que manque-t-il à la charmante artiste? Le rythme antique. Elle parle trop vite. Peut-être aussi trop de gestes. Sa passion pour Achille, sa jalousie contre Ériphyle, sont trop modernes. Les statues antiques nous apprennent combien la jeune fille grecque est réservée.

On a modernisé le rôle d'Iphigénie; il suffirait

pourtant d'une promenade au musée du Louvre pour s'en pénétrer.

L'idéal de la jeune Grecque n'est point la froideur; on sent palpiter son cœur sous le marbre blanc. Il faut un je ne sais quoi de plus solennel, plus scandé, plus noble dans la voix, le geste, la démarche. L'artiste est bien près de la vérité; qu'elle s'arrête devant les sculptures, devant les jeunes prêtresses qui suivent les théories sur les bas-reliefs du Parthénon; elle s'identifiera alors avec elles par l'accent et l'attitude.

Eriphyle n'est pas aussi violente que la critique le dit. Racine a créé là un rôle romantique. Il avait sous les yeux la passion de madame de Montespan opposée à la touchante figure de mademoiselle de la Vallière.

Et puis il faut se rappeler que c'est l'*Iphigénie* de Racine non celle d'Euripide, que nous voyons aux Français.

Continuons à vivre dans cette divine compagnie des immortels.

Quelle gloire pour la France d'avoir produit les plus purs chefs-d'œuvre, supérieurs peut-être à ceux de l'antiquité! En résumé, Corneille, c'est la cime de la vertu humaine, Racine la beauté et la tendresse, Molière le génie de la bonne humeur. Shakespeare fouille les profondeurs de l'âme et y trouve des ténèbres traversées d'éclairs.

Notre esprit éprouve une profonde admiration pour Shakespeare mais toute notre âme adore Corneille.

L'Angleterre est justement fière des héroïnes créées par le plus grand de ses poètes. Cordélie, Desdémone, Ophélie sont des figures idéales dont s'enorgueillit l'honneur des femmes. En revanche, nous avons Jeanne d'Arc. La France possède mieux que des types imaginaires. Comme le peuple de Dieu elle a sa vierge Marie : sa madone, Jeanne d'Arc, née dans une humble bergerie.

La France a eu des femmes-héros, des femmes-pontifes comme la mère des Macchabées, comme les prophétesses d'Israël, et ces nobles âmes sont des êtres réels non des fictions poétiques.

Souvent je me demandais : est-ce là grande action qui a précédé la maxime sublime. Sans nul doute Jeanne la bergère n'a lu aucun moraliste, et elle a sauvé la France. C'est d'un cœur vivant que jaillit la source des belles actions, non pas d'un manuel de morale.

De même pour les types de haine et de perfidie, Macbeth, Yago, ne sont pas des inventions d'esprit, mais des peintures sur le vif.

L'auteur immortel de tant de types monstrueux ne les a pas tirés de son imagination ; il a peint des portraits. C'étaient des personnages vivants qu'il avait sous les yeux ; et voilà comment Yago, Shylok sont entrés, par la vie réelle, dans le domaine de la poésie et de l'art. Il était facile de rencontrer à la cour d'Élisabeth et dans la société de son temps la cupidité féroce, la haine et la perversité faites chair et os. Ces types n'ont pas disparu, et il n'y a pas de lois pour atteindre certains crimes ! Les lois châtient les coups de couteau, non la perfidie. Le fer ou la parole, c'est parfois tout un.

Oserai-je l'avouer ? mon esprit seul est transporté, mon cœur n'est pas si ému par *Hamlet*, sauf dans la scène où il est aux genoux de sa mère.

Pourquoi cette scène plutôt qu'une autre ? c'est la seule où vibre la tendresse. Cette douceur au milieu de la frénésie continue, voilà le moment le plus admirable de ce rôle admirable d'un bout à l'autre, mais trop amer. Jamais un éclair d'espérance n'illumine cette figure; à la longue, cela fait mal.

On continue à discuter sur la question: Hamlet est-il réellement fou? Quand il n'y aurait pas vingt passages de son rôle où il dit clairement que sa folie est simulée, nécessaire à son dessein, le jeu si lumineux du tragédien laisserait-il un doute? Hamlet est, au contraire, l'esprit le plus clairvoyant, le plus lucide. Hamlet est une conscience, et c'est là ce qui rend son fardeau si lourd : une conscience sévère, une nature inexorable et tendre. Tous les sentiments opposés se heurtent dans cette âme qui ne demandait qu'à aimer et à qui la cruauté du sort a donné une mère criminelle. Il y a bien là de quoi perdre la raison. L'incurable mélancolie de Hamlet n'est-elle pas naturelle? Expier un crime qu'il n'a pas commis ! Et la criminelle, c'est sa mère! L'antiquité n'a rien connu de plus tragique.

Après cela, on ne joue pas impunément avec la folie; même une âme bien équilibrée en subirait la contagion. Dans les grandes agitations morales on prononce souvent des paroles incohérentes, uniquement pour donner de l'air, du jour, au cœur qui étouffe. Non, Hamlet n'a pas perdu la raison; sa profonde amertume vient de son mépris pour sa mère, cette âme qui lui était mille fois plus chère que sa propre âme. S'il conserve son intelligence entière, c'est qu'il est un justicier; il poursuit le châtiment du crime. Que justice soit faite!

De toutes les maximes sublimes d'Hamlet la plus profonde, est celle-ci : « Pardonnez-moi ma vertu, car, dans ce monde vénal et grossier, la vertu demande pardon au vice, et implore comme une grâce la permission de lui faire du bien. »

Parlons de *Zaïre* : Quel ravissement de découvrir un Voltaire tendre, passionné!

Nous avons vécu au milieu des mêmes luttes que ce héros de l'esprit; aussi ne voyions-nous en lui que le libérateur de l'intelligence, le grand vainqueur, debout, dominant les siècles, et qu'on retrouve toujours à l'heure du péril pour terrasser « l'Infâme ». Nous oublions trop, moi, du moins, que ce dieu a eu un cœur d'homme, qu'il a connu l'amour. Il me semble que la haute raison de Voltaire a servi le poète, et l'a prémuni contre les langueurs, les fadeurs de son sujet oriental, et aussi contre les extravagances, les insanités qui décorent trop souvent ce beau nom de passion.

Le génie donne-t-il la puissance d'imaginer ce qu'on ne ressent pas? Je ne veux pas le croire. Dans cette heure fortunée où Voltaire a laissé parler son cœur, il a atteint le point culminant de son génie; le rayon le plus éclatant eût manqué à sa gloire.

Mais quel interprète il a trouvé! Je ne puis admettre un degré supérieur de talent dans le rôle d'Orosmane. La passion vraie, la science profonde, la voix mélodieuse, si riche d'intonations, variée à l'infini et qui égale les nuances infinies de sa physionomie, il a tout pour lui. Comme ses traits s'illuminent ou s'assombrissent selon les sentiments qui agitent son cœur! Le soupçon, l'inquiétude, passent comme des ombres sur son front; l'espérance, l'amour l'éclairent de ses rayons. Son sourire fait frémir, plus tragique, plus terrible que les éclats de sa colère. Il s'apaise encore, et avec une douce autorité exhorte celle qu'il aime à laisser toute feinte :

L'art n'est pas fait pour toi, tu n'en as pas besoin :

De quelle voix mélodieuse il dit ces mots! Il excelle surtout dans les transitions de violence, de passion farouche, à l'attendrisement, à la tendresse de sa généreuse nature.

Quel triomphe pour un peintre, s'il parvenait à rendre une de ces physionomies éloquentes d'Orosmane! Quelles modulations différentes dans cette voix qui exprime les sentiments les plus cachés de l'âme! Sentiments inconscients peut-être chez le poète; inconscients pour le grand artiste lui-même qui laisse parler son cœur et se donne tout entier. Sans doute l'art, le travail, l'étude des maîtres, les traditions, l'histoire, la poésie, tout concourt à former cet ensemble admirable où s'équilibrent la passion, la fierté, la noblesse, dans une harmonie parfaite; et pourtant je crois que la nature surtout détermine la perfection.

Le jeu de la physionomie est la partie la plus éloquente, l'âme de la tragédie, l'essence subtile de la pensée intime que l'artiste révèle souvent au poète lui-même.

Sans un grand artiste, que serait la plus belle tragédie de Corneille ou de Voltaire? Un palimpseste, pénible à déchiffrer, puisque le plus intelligent des lecteurs n'en saisit qu'une bien petite part. Cette lettre morte, le tragédien la transforme en esprit, en flamme. Révélation de poésie et d'histoire aussi. Enfin son rôle supérieur, c'est d'ennoblir le public, et, pour une heure au moins, de prêter une âme à ceux qui n'en ont pas.

J'entrevois une mission éducatrice pour le grand tragédien : il dispose d'une puissance incomparable pour donner au public une noble direction d'esprit. La parole des orateurs politiques et religieux est usée. La guerre civile est dans les esprits ; il n'y a pas deux hommes qui pensent de même sur les affaires publiques ; de tous les moyens de ralliement l'art oratoire est celui qui divise le plus. On assiste à un véritable déchaînement contre le sentiment et contre l'idéal, ces deux cimes qui dominent la mêlée humaine. Le tragédien seul est écouté, il règne sur les âmes, il en prend possession du droit de l'amour ou de la terreur ; il personnifie pendant quelques heures la vertu, le génie, il exerce un immense ascendant sur le spectateur conquis par cette parole éloquente, par ce regard, par cette physionomie, — je parle des héros de Corneille, de Racine, de Voltaire. Ces créations idéales que le tragédien fait revivre, voilà aujourd'hui les seuls points de ralliement possibles ; on n'a pas encore nié Corneille,

Racine, Voltaire. Eh bien! que le peuple soit aussi admis à ces nobles fêtes de l'intelligence. Ne réservez pas les chefs-d'œuvre du génie humain uniquement aux esprits cultivés. Que le parterre de rois qui applaudissait Talma soit remplacé sous la République par le peuple souverain.

L'État répand l'instruction à pleines mains, les écoles se multiplient sur tous les points du territoire, mais le temps seul fera fructifier l'enseignement universitaire, tandis que l'éducation par le théâtre est instantanée.

Des situations pathétiques, des vers sublimes dans la bouche d'un artiste inspiré transforment un homme dans une soirée; c'est l'éclair de Damas qui luit pour l'esprit ébloui quand le cœur est touché.

S'il est un homme ici-bas, heureux entre tous, n'est-ce pas l'artiste qui a réussi dans un beau rôle? Les applaudissements du public, l'unanimité de la presse, le toucheront moins que la conscience du service rendu au peuple qui l'écoute. Il s'identifie avec le héros, il le sent vivre dans sa poitrine, il ressuscite sa voix, sa physionomie, et il agit sur les âmes qu'il fait résonner comme un instrument sous les doigts habiles d'un musicien. Oui vraiment c'est lui qui pourrait être l'éducateur des masses; c'est de lui qu'elles dépendront. Iront-elles vers la lumière, vers les chefs-d'œuvre ? Retourneront-elles aux étables du naturalisme.

Je ne connais rien de plus étrange que cette ligne de démarcation : aux lettrés, le Conservatoire, les Français; aux illettrés, le café-concert et le drame du boulevard.

Le peuple français comprendrait le théâtre classique et la musique classique tout aussi bien que le peuple allemand comprend Goethe, Schiller et Beethoven.

L'esprit routinier a opposé la même résistance à toutes les grandes institutions conquises à la longue : la République, l'enseignement laïque, l'éducation des femmes.

L'éducation du peuple par le théâtre, voilà ce qu'il importe d'ajouter à ces trois conquêtes.

Initier le peuple à Corneille, Racine, Molière, Voltaire et Shakespeare, c'est encore mieux que de créer de nouvelles chaires au Collège de France.

X

LE VRAI DANS L'ART.

COMÉDIE.

Je ne sais trop si l'antique adage, *Corriger les mœurs en souriant* est encore la règle du théâtre; mais, pour tous les solitaires le théâtre remplace la société élégante, la vie des salons. Quel privilège de pouvoir aller même en pantoufles à une brillante soirée, et de jouir de l'esprit des autres, tranquillement assis dans un fauteuil!

Le mot « s'amuser » n'a pas le même sens pour tout le monde. La pensée reçoit une impulsion très vive, grâce à des artistes tels que Got et Coquelin. Indépendamment du rôle qu'ils jouent, ils nous suggèrent mille aperçus nouveaux. C'est à la Comédie-Française qu'il faut chercher la conversation étincelante, sans qu'il en coûte un seul pas dans un salon. Pour une existence laborieuse, quel délassement et quelles charmantes relations ! O les bons amis toujours souriants, intéressants, prêts à vous consoler, à vous charmer ! Ne vous contredisant, ne vous critiquant jamais, se renouvelant sans cesse pour vous distraire, s'ingéniant à vous faire sourire, pleurer quelquefois, mais des larmes si douces ! Cette société imaginaire est vraiment faite exprès pour ceux qui n'ont ni la force, ni le talent de se dépenser en aimables banalités, et qui se plaisent pourtant à les entendre quelquefois.

Arrivez de bonne heure. Vous voilà au foyer, seul, non pour examiner le plafond de Dubuffe, mais les bustes des grands hommes, la statue de Voltaire qui plonge dans les fleurs. Celle de Molière devrait lui faire face ; n'est-ce pas sa maison ?

Le buste de Voltaire par Houdon est en même temps un portrait de Michelet : mêmes yeux, même nez, même expression de la bouche; c'est bien lui, fin, malicieux, généreux, un dard dans les yeux et sur les lèvres. Mais l'émotion profonde, c'est à Corneille que vous la devrez, cet austère visage est la personnification de toute grandeur morale. Regnard, figure d'Apollon, Rotrou très beau aussi, Racine visage un peu efféminé, mais noble, régulier, royal.

Quelle fête lorsque la toile se lève sur une pièce du répertoire classique! Ce qui doit flatter les interprètes plus que le tonnerre des applaudissements, c'est la pensée qu'ils maintiennent très haut le drapeau de l'art, l'esprit français (le *vrai*, celui de la maison de Molière), et que l'étranger s'incline devant la France.

Malgré ses gros mots, Molière est d'une grande moralité. Tout y est candeur, innocence, fraîcheur de sentiments, surtout si on le compare au théâtre moderne. Quelle naïveté, quelle honnêteté chez ces charmants amoureux! Et tout cela se passait sous Louis XIV! Dans une pièce moderne, on n'aurait jamais l'idée d'une scène aussi enfantine que celle de Valère et de Marianne, deux enfants tout à fait délicieux.

Le Mariage forcé est une des comédies les mieux jouées. Molière est surprenant; on croit le connaître comme tout bon chrétien connaît son Évangile, et voilà des révélations nouvelles. C'est que le génie renferme un univers, l'infini. Depuis deux cents ans, ces chefs-d'œuvre sont joués par les artistes les plus célèbres; chacun d'eux s'est ingénié à fouiller, à creuser plus profondément dans cette mine d'esprit. La Comédie-Française possède la tradition des premières représentations; mais il y a aussi, à travers les âges, une sorte de végétation continue. L'esprit de Molière n'a cessé de grandir, grâce au talent supérieur des interprètes. Ils ont développé des idées, des intentions que le génie a entrevues confusément. Chaque grand artiste a ajouté ses dons personnels à la beauté du rôle et l'a perfectionné dans les moindres détails avec cette finesse dont la France seule possède le secret.

Est-ce que Molière a jamais imaginé dans *Tartuffe* un Loyal aussi amusant que Coquelin?

Pour en revenir au *Mariage forcé*, sauf les coups de bâton, comme tout est resté vrai! Pancrace docteur aristotélicien, furieux bavard, cache son ignorance, sous une agitation pédantesque. Marphurius, docteur pyrrhonien, être atomique est une mite, un ver d'in-folio poudreux. C'est une ombre qui flotte devant vous. Ce n'est pas une personne, c'est le doute philosophique fait chair et os, c'est un point

d'interrogation. La figure de l'artiste s'y prête admirablement. Ce regard vague, cet œil perdu dans
l'espace, à la recherche non pas d'une vérité, mais
d'une réponse évasive, quelle tirade vaudrait l'expression de cette physionomie? Si la première scène
touche à la farce, celle-ci confine aux *Caractères*
de La Bruyère.

Il est probable qu'on joue de mieux en mieux
Molière; de grands acteurs ont déposé le meilleur
de leur génie dans le rôle. Ceux qui viennent après
eux profitent des trouvailles amassées depuis deux
siècles. Puis la patine du temps s'y est ajoutée
comme pour les bronzes et les ors, et en adoucit
l'éclat. Avec de tels interprètes, un rôle pourrait
être simplement un scénario. Le jeu de physionomie, voilà leur triomphe.

Le théâtre seul conserve ce don éminemment
français. Dans le monde élégant, on a perdu ce
genre d'éloquence; on a raidi les muscles du visage,
ils ne trahissent plus aucune émotion intérieure,
et n'expriment que la plus parfaite indifférence.
Aussi voyez dans une pièce moderne : le jeu de
physionomie est nul. En effet, que pourrait-elle
exprimer? Une sécheresse naturelle, des sentiments

étriqués ? Les convenances interdisent toute manifes-
tation de sentiment. Seuls, les fils des croisés ont
gardé certaines manières de Mascarille, son petit
rire niais, sa pose gracieusement effrontée, quand
il se tient tordu ou pelotonné dans un fauteuil.

Après une soirée aux Français, on hésite à ouvrir
un volume de Molière, de peur que l'enchantement
du rêve ne s'envole; on craint de retomber dans
l'interprétation médiocre qu'on était accoutumé à
lui donner. Mieux vaut y penser; on revoit alors les
physionomies si variées de nos admirables artistes,
les nuances infinies de leur voix. Il faudrait des
centaines de photographies, pour rendre la physionomie de Coquelin-Mascarille, dans la scène avec
les deux sœurs. Sa voix mériterait aussi une étude.
On dirait qu'il a mis une science profonde à faire
revivre le type d'une race abâtardie, épuisée, stéri-
lisée par l'oisiveté et les privilèges séculaires. Tout
cela se révèle dans cette voix de tête aux notes
aiguës, ce sourire à la fois spirituel et sot, prétentieux et fade, gai pourtant, efféminé, doucereux,
ridicule, et visant à la suprême distinction; en résumé
grotesque, mais non dépourvu d'une certaine grâce
élégante.

Mascarille survit à travers les âges, comme une actualité; c'est un type moderne malgré le costume. Ce valet déguisé en grand seigneur, imitant les singeries, les fadeurs, les inepties raffinées des gens du bel air, personnifie la race des parvenus qui renient leur origine. Ils rougissent des manières simples, des habitudes saines que donne le travail, et aspirent à devenir ce prodige de désœuvrement et de niaiserie, ce meuble ridicule de salon, cet être inutile, insupportable, toujours à l'affût de l'esprit et aboutissant à la grimace à force de vouloir se singulariser. Le marquis Mascarille devrait guérir les gens prétentieux.

Viendra-t-il jamais un temps où les facéties de Molière ne pourront plus aborder la scène? La perfection du jeu des artistes en décidera. La comédie ne souffre pas de médiocrité; le talent est exigé, plus que pour la tragédie peut-être où l'intérêt dramatique, les sublimes pensées portent l'acteur et remédient à la faiblesse de son talent. Imaginez les *Précieuses ridicules* jouées mollement ou avec une exagération frénétique. Cette fine satire des travers féminins est accentuée par Coquelin.

On se demande ce qu'il y a de plus merveilleux chez lui, la verve endiablée de la parole ou l'expression du visage? Tout une légion d'acteurs se démènent en un seul. C'est une vraie lanterne magique de physionomies; elles se succèdent avec une telle rapidité qu'on a peine à les suivre et jamais elles ne se répètent identiques. Voilà la vraie marque du grand artiste, il se renouvelle sans cesse par des nuances d'une finesse exquise; c'est l'expression de la vie même.

Qu'est-ce que la Bêtise, ce type de bourgeois ridicule, si spirituellement rendu par Coquelin cadet? Comment la définir? Ce n'est pas la bestialité, l'animalité, car la bête n'est pas bête. C'est pourtant un ton de la gamme inférieure de la création transposé dans l'homme, additionné de fatuité humaine; voilà la Bêtise.

La cérémonie des Français à l'anniversaire de Corneille, Racine, Molière, amuse tout le monde, moi elle m'attendrit. Oui, lorsque tant de fautes politiques et de malheurs ont amoindri le prestige de la France, je suis d'autant plus frappée de la noblesse vraiment unique de la nature française.

Partout ailleurs cette cérémonie, ce défilé des

artistes pourrait prêter au ridicule. Des acteurs étrangers prendraient une allure gourmée, prétentieuse, mais aux Français quelle dignité, quelle grâce! C'est un charme.

Le buste du grand homme est au milieu de la scène, les artistes arrivent deux à deux, revêtus du costume de leur principal rôle, avec un manteau pourpre jeté sur leurs épaules; ils s'avancent au bord de la rampe; après un salut profond au public ils se tournent vers l'image du Maître et s'inclinent devant lui avec un respect si ému, si expressif; ils déposent leurs couronnes sur le socle, échangent un sourire et vont prendre place dans l'hémicycle, l'un à droite, l'autre à gauche. Et le défilé des hommes, puis celui des femmes continue ainsi jusqu'au bout, pendant qu'une musique douce et solennelle accompagne le mouvement, le rythme de leur démarche, de leur révérence. Et les applaudissements éclatent, selon le degré d'enthousiasme qu'inspire la charmante artiste.

Le dernier rempart de la civilisation, l'institution qui nous sauve de la barbarie, la trêve au milieu de la guerre civile des esprits, c'est le Théâtre-Français.

Certains types de Molière et de Marivaux nous conservent les traditions d'élégance et cette fine fleur de courtoisie fort négligées de nos jours; elles tomberaient dans un complet oubli si les chefs-d'œuvre de la scène ne les rappelaient par la voix, les gestes, les allures gracieuses et nobles de Valère, de Cléante.

Encore une fois, on est bien étonné, en comparant le ton actuel avec l'urbanité, la grâce des manières qui se révèlent dans ces comédies, non seulement dans les dialogues entre marquis (Molière les a assez ridiculisés), mais entre bons bourgeois. Le respect délicat pour la femme, la tendresse, l'amour pur, où les trouver si ce n'est chez les amoureux de Molière et de Marivaux?

Tandis que la noblesse d'âme est représentée par la tragédie classique, les types d'élégance et de courtoisie se perpétuent grâce à la Comédie-Française. C'est à elle, à n'en pas douter, que la France à dû autrefois ces caractères fins et charmants qui se faisaient une joie et un devoir de répandre autour d'eux les grâces de l'esprit et des manières. Ils ne cachaient pas leur bienveillance aimable comme un secret d'État; ils ne s'imposaient pas la dure tâche de déguiser leurs bons sentiments sous des dehors de froideur ou de brusquerie. Ils ignoraient cet art suprême de refouler les nobles élans, et d'affecter l'air sec, indifférent.

Et ne dites pas que la faute en est à la démocratie. Tout homme du peuple, à moins d'être de la race des fauves, aspire instinctivement à adoucir, à affiner sa forme. Les fils d'ouvriers et de paysans acquièrent très vite la politesse, le tact, l'expression choisie et jusqu'au son de voix assoupli. La facilité de s'assimiler le beau, le génie de l'esthétique, est aussi innée chez les Français que chez les Athéniens.

Il en est tout autrement du prosaïsme bourgeois. Les parvenus de la richesse qui renient leur origine de travailleurs pensent que tout peut s'acheter ; ils estiment seulement ce qu'on paie à prix d'or et ne comptent pour rien les facultés morales. Ceux-là demeurent déshérités de la grâce et de l'urbanité. Le pédantisme, dans l'ordre intellectuel, et l'amour du lucre impriment au parvenu un cachet spécial ; à ce signe, l'individu est classé.

Contre l'envahissement du prosaïsme bourgeois, les manuels de la bonne compagnie sont impuissants. Ni conférence, ni voyage, pas même la vie des salons, rien ne peut réagir, excepté la Comédie-Française.

Les nobles types créés par le génie dans une époque cultivée survivent aux temps prospères comme aux temps orageux ; ils rappellent sans cesse l'idéal visible que l'homme bien né peut et doit atteindre. Rodrigue, Alceste, Mithridate, Orosmane ont traversé la Terreur, les Cent jours, la Restauration, les barricades de Juillet et celles de 1848, le 2 décembre et le siège de Paris. Eh bien ! la Comédie-Française, ce foyer du génie civilisateur a toujours retrempé le courage, même dans les âmes où il n'est pas enraciné. L'Unité française, si difficile à fonder, existe là, sur cette place du Théâtre-Français, le vrai centre national. Je serais tentée de l'appeler le quatre-vingt-dixième département de la République.

L'admission d'une pièce dans la maison de Molière devrait être justifiée par un talent hors ligne. La Comédie-Française a le même rang hiérarchique que le Musée du Louvre.

Les tableaux modernes n'y sont admis qu'après

un long stage qui détermine leur valeur, leur droit
à la société des immortels. Que d'étapes à traverser
pour une œuvre de peinture, avant d'atteindre au
sommet de la gloire! Il y a d'abord le jury qui
rejette ou accepte l'entrée au Salon annuel. Les
tableaux médaillés, acquis par l'État, arrivent au
Luxembourg; puis, après un demi-siècle l'apothéose au Louvre est réservée à quelques prédes-
tinés.

L'Odéon a le même rôle que le Musée du
Luxembourg. Il devrait aussi accueillir avec un
extrême discernement les pièces nouvelles : un
choix rigoureux deviendrait un stimulant pour tout
le monde. Les jeunes auteurs seraient moins
prompts à bâcler des levers de rideau ; les artistes
qui veulent sérieusement faire des progrès ne les
chercheraient pas dans ces petites œuvres insi-
gnifiantes. Le public enfin y gagnerait; le goût
s'épure ou se déprave par le spectacle.

Les théâtres subventionnés par l'État ont une tout
autre mission que de donner de fructueuses recettes;
ils font partie du ministère de l'instruction publique
et des beaux-arts; à ce titre ils ont un grand devoir.

La plupart des comédies modernes réfléchissent

comme un miroir la banalité de la vie mondaine ; quoi d'étonnant si les meilleurs artistes y semblent ternes ? Comment le talent pourrait-il se déployer dans ces rôles superficiels, effacés ? Qu'en reste-t-il ? Quelques traits d'esprit et de jolis costumes.

Ces photographies des salons appartiennent plutôt au Gymnase. L'illustre maison de Molière mérite mieux. La beauté, le charme des actrices sauveront toujours une pièce ; mais le rôle est nul : rien pour le grand art.

L'unique préoccupation des acteurs dans ces petites pièces, c'est de paraître très distingués, dans le ton du jour, c'est-à-dire secs, gourmés : à force de copier fidèlement la tenue mondaine toute individualité s'efface, aucune passion ne vient animer le jeu. C'est d'un réalisme désespérant de monotonie. On oublie qu'on assiste à une représentation des Français, on se croit invité à une soirée. Aucune illusion scénique, c'est la vie des salons ; mêmes petites intrigues pour défrayer des conversations désœuvrées ; toujours des femmes charmantes, inconsistantes, à têtes de linottes, dépourvues de caractère, de volonté. Un oiseau semble la fixité en comparaison ; il est moins léger que ces belles dames; ni bonnes ni méchantes, elles n'aiment pas, elles ne haïssent pas non plus. L'indifférence, voilà leur état normal; aussi les incidents nés de ces étroites cervelles sont admissibles, mais fort peu intéressants. On revoit les élégantes poupées d'une société toute de convention, la froide réserve des unes, opposée aux manières outrées des autres. Leurs gestes compassés feraient croire qu'elles sont en verre et ont peur de se casser.

Il est impossible de mettre dans ces rôles autre chose que cet esprit du bout des lèvres.

L'inévitable ingénue, la jeune fille (d'une candide rouerie), que dit-elle, que fait-elle? Son rôle se compose de sourires, de minauderies gracieuses; la conversation de cette adorable petite personne consiste en révérences, en chuchotements et jeux de physionomie. Quel trait en elle nous révélera une nature exquise? On la croit sur parole, mais elle n'en donne aucune preuve ni par ce qu'elle dit, ni par ce qu'elle fait. Elle est jolie à ravir et délicieusement mise, voilà qui est certain.

Et les jeunes gens! aussi inanimés que possible : être de bois, voilà leur idéal! Que rien ne trahisse la vie, ni dans le geste, ni dans la voix; les scènes de la vie mondaine l'exigent. La banalité étouffe toute flamme, l'acteur est forcé d'adopter l'air de convention qui fait ressembler tous les hommes aux mannequins habillés des magasins de confection. Même expression qu'un visage de cire, physionomie de Jockey-Club.

Aussi voyez la différence du talent des artistes, quel jeu terne dans les comédies banales! Quelle animation, quelle variété dans les grandes œuvres, dans les pièces bien faites!

Voyez Got jusque dans le rôle d'un vieux valet de chambre, quel art parfait, c'est-à-dire quel naturel! Comme il ennoblit le personnage, comme il met au premier plan un rôle secondaire, que de choses il tire de chaque mot, par exemple dans *La Joie fait peur*!

On est émerveillé de tout ce qu'un savant découvre au bout de son microscope dans le monde des infiniment petits; un acteur de génie possède aussi cette vue perfectionnée qui permet d'apercevoir des formes vivantes là où nous ne voyons rien à l'œil nu.

Le grand artiste est mieux qu'un collaborateur littéraire; c'est un peintre qui rend visible la figure rêvée par le poète. L'acteur de génie pénètre jusqu'au fond de la conscience de l'écrivain absolument comme un confesseur; il y découvre les mobiles secrets de l'âme et lui arrache les aveux qu'il hésitait à faire. Parfois il est comme le compositeur de musique inspiré qui traduit le libretto dans la langue des sons. Par la perfection d'un jeu harmonieux et noble, par la mélodie de la voix, par son timbre touchant, passionné, dramatique ou joyeux, il parcourt toute la gamme des émotions humaines et complète l'œuvre en y ajoutant quelque chose de personnel, de vivant; il développe le drame éternel qui se joue au fond des âmes richement douées.

On peut hardiment lui attribuer deux tiers dans la création du rôle; c'est presque un scénario qu'il remplit. Il met tant de justesse dans l'expression, ses gestes, son intonation, tout est si éloquent que les mots ne sont qu'un accessoire. N'est-ce pas tout simple qu'un grand artiste joue dans la perfection une œuvre de génie? Mais il faut du génie pour tirer d'une bluette une flamme.

Le Monde où l'on s'ennuie et le *Flibustier* sont des comédies qu'on ne se lasse pas de revoir et comme il nous en faudrait beaucoup. Je ne m'y arrêterai pas ; le succès les a consacrées, mais je dirai un mot de l'*Ami Fritz*, cette œuvre délicieuse. La perfection de jeu de mademoiselle Reichenberg, de Got, de Febvre met en relief des natures si vraies, si nobles dans leur simplicité populaire, qu'on est heureux de vivre pendant quelques heures au milieu de ces braves gens. Voilà comment nous rêvons le peuple. Toute la France pourrait être pareille à ce petit coin d'Alsace où vit l'*Ami Fritz*.

Quel bonheur d'entendre ce langage honnête, amusant, au lieu de tant de scandaleuses inventions fort à la mode ! Ces scènes charmantes montrent au public que l'amour et la joie n'excluent pas l'honnêteté. On est charmé par ces tableaux aimables, naturels, qui se succèdent depuis le lever du rideau jusqu'à la fin : Les propos des deux commères autour de la table bien garnie, le bouquet de violettes, la délicate pensée de Fritz sur l'alouette, mêlent au réalisme une poésie discrète et pure. La délicieuse figure de Suzel, le vieux David qui personnifie une pensée de tolérance, le brave et joyeux Fritz, tout ici est droiture, bonté, vie et vérité. Rien

de factice; c'est une œuvre amusante et bienfaisante; c'est une idylle biblique moderne.

Erkmann-Chatrian a créé un genre unique pendant les plus tristes jours de l'Empire; il a rendu
un service incalculable; jamais la valeur de ses
livres populaires ne nous apparut aussi vivement.
Son patriotisme, sa douce philosophie, sa langue
claire et simple honorent la littérature. Depuis la
perte de notre Alsace-Lorraine, l'œuvre d'Erkmann-
Chatrian nous est chère comme un lien avec le
passé, et comme un gage d'avenir.

De l'*Ami Fritz* et du *Flibustier* je conclus
que la comédie moderne se renouvellera et multi-
pliera ses chefs-d'œuvre toutes les fois qu'elle
agrandira son horizon, qu'elle cherchera ses inspirations ailleurs que dans les éternelles redites, faits et
gestes de la société qui s'agite en 1891, sur le boulevard des Italiens. Tant pis si la mode exige que
l'action se passe à l'heure actuelle, si on ne veut
plus des vieilles lunes de l'an dernier!

La vie des salons est aujourd'hui trop factice
pour offrir au théâtre des types nouveaux, vivants :
aucune passion vraie; ni haine, ni amour. Quel
talent pourrait lutter contre l'imitation d'une imita-

tion, puisque la pièce en vogue est la reproduction exacte des conventions mondaines, l'image de la vie parisienne?

L'*Ami Fritz* représente l'Alsace, le *Flibustier* la Bretagne [1], mais chaque province française a des types aussi accentués que ceux-là et peut fournir des créations intéressantes par les mœurs locales et par le coloris particulier à chaque région.

1. *Vincenette* ne serait pas loin d'offrir un joli tableau provençal, mais la lumière y est trop crue et certaines sensibleries bien déplacées.

XI

TERRE DE FRANCE

Vauban et La Bruyère nous ont dépeint le paysan français de leur temps; on pouvait lui appliquer alors la *Complainte du pauvre laboureur de France*, mais la Révolution l'a transformé en soldat. Les quatorze armées représentent la vertu patriotique, le désintéressement, l'amour du sol natal. Revenu à la charrue le soldat laboureur a trouvé son sort amélioré. Son esprit nourri de grands souvenirs lui a aussi fait paraître la vie moins misérable; enfin l'éducation sous un régime de liberté achèvera son affranchissement. Que de réformes cependant il y aurait à tenter pour dégourdir le paysan et l'arracher à cette terrible insensibilité qui n'a d'égale que celle de la peau de l'éléphant!

C'est quand il est soldat qu'on pourrait le civiliser. Tout jeune, à la charrue, le bétail le dispute à l'école; il apprend si peu de choses, lire, écrire. Et pour quoi faire? Quel livre lira-t-il? Au régiment où il fait l'école de peloton, l'exercice, on devrait lui apprendre aussi à fourbir son esprit, à aligner ses idées. Des conférences faites par des officiers instruits donneraient aux soldats les notions élémentaires sur toutes choses, l'essentielle surtout, l'idée de Patrie. Voilà qui vaut mieux que les livres. Revenu à la charrue après le service terminé, il rapporterait du régiment une instruction supérieure. La population agricole ne consiste-t-elle pas en soldats laboureurs?

Pour rêver à ces réformes, il n'y a qu'à entendre le chant mélancolique du moissonneur à l'aube du jour; ce chant, sans accent, sans aucune modulation harmonieuse, d'un rythme languissant, insouciant, transmis d'âge en âge, ne marque aucun progrès, aucune amélioration de sa vie. C'est toujours la même lassitude, avant comme après le travail, que rien ne vient réconforter. Point d'idées dans le cerveau, pas de paysage devant les yeux, il ne regarde ni au-dedans, ni autour de lui; aucun sentiment de la nature; il suit le sillon tracé par le bœuf.

Cette voix si rude tient à son appel continuel, à son dialogue avec l'attelage. Il n'est presque jamais gai, sauf dans la jeunesse, mais il reste si peu de temps jeune! Il n'est ni triste ni joyeux, mais silencieux et indifférent.

Comment ce paysan ne se serait-il pas jeté dans la légende napoléonienne? L'âme a besoin d'un aliment poétique; elle veut être fascinée, ne fût-ce qu'une fois dans la vie.

Gardez-vous d'éteindre chez le paysan la dernière étincelle d'enthousiasme. Le grossier réalisme n'est que trop invétéré chez l'homme en sabots. Je ne saurais assez le redire, ne lui infusez pas une dose de brutalité de plus par l'immonde roman-feuilleton qui pullule dans les campagnes. Donnez-lui l'histoire militaire de la France à travers les âges, depuis Vercingétorix, Jeanne d'Arc, Bayard jusqu'aux héros de la Révolution qui ont défendu ce sol qu'il laboure; pour lui, le mot Patrie aura enfin un sens.

En peinture, l'exagération du réalisme est encore plus déplaisante que dans une œuvre littéraire où l'harmonie de la langue peut remplacer la poésie absente. Dans un tableau l'image outrée de la laideur, de la misère et de la bêtise réunies ôtent toute signification à l'art. Non, la reproduction exacte des laideurs matérialisées, ce n'est plus l'art; sa mission est d'ennoblir et de corriger la création, tout en restant fidèle à la vérité. Pourquoi le paysagiste choisit-il de préférence les arbres rabougris, la flaque d'eau croupissante, le laboureur hébété, la paysanne déguenillée? Sans doute tout cela existe aussi, mais il y a mieux encore : des ombrages, des eaux courantes, l'homme des champs robuste et beau, la moissonneuse jeune et proprement vêtue. Depuis une vingtaine d'années on rencontre même bien plus qu'autrefois des types agréables ; le hideux devient l'exception. Tous les ans, je passe deux mois en pleine vie des champs; je n'ai vu nulle part ces types de paysans stupides que l'École réaliste se plaît à grouper dans le paysage. Ni en Bresse, ni en Dauphiné, ni dans les Vosges, ni en Savoie, je n'ai rencontré ces figures hébétées, sordides, où l'expression du lucre et de la lassitude jointe aux haillons et à la malpropreté créent l'harmonie de la misère. Il y a un type intermédiaire entre ces villageois abrutis et les bergères Pompadour enrubannées, avec leurs soupirants à houlettes ornées de fleurs. Il y a le travailleur intelligent, actif, que vous rencontrez partout, à la charrue, à la moisson, dans la forêt. Parmi ces milliers de laboureurs, de moissonneurs, de bûcherons pourquoi choisir le plus disgracié au physique, au moral?

Est-ce une satire de la vie des champs? est-ce une page politique, un souvenir de la glèbe d'autrefois, de ces temps lamentables résumés par la *Complainte du pauvre laboureur de France?*

Certainement le costume a peu changé depuis Froissard, et surtout depuis La Bruyère plaignant l'animal triste et noir, qui travaille dans les champs. Mais la condition du paysan est-elle la même? Sa figure porte l'empreinte d'une date qui l'a élevé à la dignité d'homme. Le paysan n'est pas encore le citoyen éclairé qu'il sera un jour, grâce à l'éducation répandue partout; mais on le calomnie en le peignant avec cet air uniforme de stupidité morose. La figure représentée sur cette toile fait tache dans la création, et cet homme est un Français, un électeur, demain soldat, général, député, le peuple souverain!

14.

On en sera bien étonné, un jour, quand on reviendra de cette prétention au réalisme, au naturalisme. On trouvera enfin la note juste qui ne sacrifie ni la beauté, ni la vérité; elle fera la part à l'une et à l'autre, telles que la nature nous les montre. Jules Breton dans son tableau l'*Été* a peint la vraie paysanne.

Si on était exposé à rencontrer dans les champs des personnages affreux ou déplaisants, on rapporterait un profond sentiment de tristesse d'un séjour à la campagne. Encore une fois, ces images repoussantes sont des calomnies. Voyez les admirables tableaux militaires de Neuville, de Detail'?, de Protais : vous ne trouverez pas un seul type hébété dans ces figures de soldats. Eh bien! ces soldats, ce sont ces mêmes paysans de la charrue; ils n'ont pas été transformés par un coup de baguette. Observez un bataillon qui défile dans la rue : si tous ces hommes ne sont pas beaux, aucun cependant n'approche de la laideur conventionnelle des paysans groupés dans un paysage. Et pourquoi si laids? pour être vrais?

On a beau exagérer l'axiome romantique : la laideur est belle; la nature proteste et renouvelle ses types de beauté. Quand on n'exprimerait que la santé et l'activité du travailleur des champs, on serait déjà forcé de lui donner une autre expression que celle des horribles bonshommes coiffés du classique casque à mèche, haletants, appuyés sur leur bêche. Et sa compagne accroupie à terre, dans un costume plus semblable à celui d'une Hottentote qu'à celui d'une Française ! Elle n'aurait jamais été recherchée à la danse, le dimanche, si elle avait ce visage stupide et grimaçant, si elle était affublée de cette jupe trouée et entortillée d'un sale mouchoir.

Le faux point de vue de certains peintres doit être modifié, tout l'exige : la vérité d'abord, et puis, la fierté nationale.

Quelle triste idée on donne du paysan français à d'autres peuples ! Il n'est pas de nation plus favorisée que la nôtre, et on se plaît à présenter comme types de l'espèce les exceptions tristes et ridicules. Je commence à comprendre pourquoi les anciens sculptaient la figure humaine nue. C'était pour éviter les haillons de la misère.

Et ce que je dis des paysans, des soldats, s'applique aussi aux populations maritimes. En songeant au degré de culture intellectuelle des braves pêcheurs dont Pierre Loti s'est fait le peintre, on ne voit guère une grande différence entre eux et les peuplades des contrées lointaines où ils abordent.

Et pourtant la France possède l'essentiel, une race admirable; le sentiment si vif de l'honneur et la générosité égalent chez elle l'intelligence, sans parler de sa bravoure innée. Eh bien! ces héros bretons qui passent leur vie à pêcher la morue, écoutez leur langage semi-barbare! Ce qu'on pourrait leur souhaiter, pour le moins, c'est la notion de Patrie et d'Immortalité. Pierre Loti montre très bien leurs superstitions païennes ou catholiques, et en même temps leur certitude que tout est fini avec la mort.

Pourquoi les habitants des parages maritimes seraient-ils si incultes? Est-ce qu'ils ne participent pas à l'instruction que l'État répand sur tous les Français? Pourquoi tant d'écoles si les enfants des pêcheurs d'Islande ne reçoivent aucune notion d'histoire patriotique, de foi républicaine ? Les annales de la marine sont assez glorieuses pour exciter l'enthousiasme des pêcheurs. Pourquoi n'auraient-ils pas aussi la croyance en une divinité supérieure à la petite Vierge en porcelaine de leur navire? Laissez-leur cette statuette comme ornement de la petite niche; elle ne fait point de mal; mais ouvrez les écoutilles des bateaux pour y faire entrer l'air pur, un esprit nouveau, l'idée de Patrie, l'amour de la France et de la Liberté, ajoutés à l'amour du village et à l'espoir d'une bonne pêche.

Il n'y a vraiment aucune proportion dans le développement de la civilisation et l'application de ses bienfaits. Quand je songe à la vie des pêcheurs d'Islande et que je vois l'éclairage électrique substitué au gaz déjà démodé, la télégraphie fusionnant avec le téléphone pour transporter plus rapidement le son de voix écrit de nos députés, je suis bien près de rire plutôt que de pleurer. Conservez, je le veux bien, les chefs-d'œuvre d'éloquence si urgents à transmettre aux journaux, mais les merveilles de la téléphonie pourraient aller de pair avec un peu plus de bien-être, avec un peu de civilisation à bord des habitations flottantes dans les mers glaciaires.

Il y a infiniment de talent dans les livres de Pierre Loti; on serait heureux de constater qu'il a créé un genre populaire plus sain que les romans en vogue. Que lui manque-t-il? Hélas! toujours la même chose! Un peu d'élévation. Ses personnages sont très honnêtes et très vrais. Mais une photographie, est-ce tout? Le but d'un livre n'est-il que de faire passer au lecteur une heure ou deux, tuer le temps?

Amuser d'abord, cela va sans dire. N'y a t-il pas moyen d'y joindre un enseignement indirect, une pensée supérieure qui agrandisse l'horizon de l'ignorant et fasse germer de nobles sentiments dans les cœurs? Erkmann-Chatrian restera-t-il le modèle unique du romancier populaire?

Il est certains axiomes qu'il faut considérer comme des injures gratuites adressées d'une province à l'autre : faux comme un Dauphinois; rusé comme un Normand; lourd comme un Bressan; têtu comme un Auvergnat; hâbleur comme un Gascon; mauvaise tête comme un Picard; rude comme un Vosgien; grossier comme un Alsacien, etc. Si tous ces dictons étaient vrais, quel joli assemblage de qualités pour caractériser le peuple français!

Mais non, ils sont inventés par le misérable

esprit de province; c'est un dénigrement local, de voisin à voisin.

Opposer à ces platitudes les vertus natives qui distinguent la race de chaque contrée, voilà un premier pas vers la fusion morale. Montrer le berceau de la Liberté en Dauphiné, le rempart de la Patrie en Auvergne, la source de la Poésie en Provence, le foyer de Jeanne d'Arc en Lorraine, le centre de l'industrie en Picardie; rappeler l'honnêteté proverbiale de la Bresse et la fidélité de l'Alsace, ô France bien-aimée, te voilà!

Je défends nos provinces contre ces ridicules sobriquets; pourtant il est vrai de dire que la vie stagnante des petites localités mérite d'être stigmatisée.

Comment vaincre le misérable esprit de province qui vit de mesquineries et de scandales? Cent ans d'éducation libérale triompheront peut-être de ces Marais Pontins. N'a-t-on pas converti en belles prairies fertiles les marécages de la Bresse et du Dauphiné? Des fleurs et des fruits ornent le sol où coassaient naguère les grenouilles et les crapauds.

On ne vit pas impunément dans un air vicié; il

faut une foi robuste pour ne pas être ébranlé par les propos que suggèrent l'envie et la médiocrité. Dans ces tristes bourgades où l'on ne rencontre que chiens errants, oisifs, l'esprit à demi éveillé résiste encore, mais tout progrès est difficile. Privée d'aliment et d'émulation, la pensée ne se renouvelle pas; elle est forcée de se suffire à elle-même et demeure stationnaire.

Comment exercer une influence bienfaisante sur ces victimes condamnées au terre-à-terre bourgeois de province et qui vous opposent une force d'inertie surprenante?

Encore une fois, comment vaincre ce misérable esprit de province fait de dénigrement, d'oisiveté et de sottise méchante? Sans doute tout cela peut exister même à Paris, mais si inaperçu et dédaigné, noyé ou déguisé sous l'élégance et le raffinement! La dévorante vie parisienne broie ces lourds chardons. Ce qui en subsiste s'infiltre dans les mille canaux d'une certaine petite presse goûtée précisément dans les petites villes et à l'étranger plus qu'à Paris même où l'on peut se garer de l'esprit de colportage. En province, c'est impossible.

Quand je parcours ces tristes petites villes et que je songe aux moindres bourgades italiennes qui offrent un intérêt artistique, par quelque chef-d'œuvre d'architecture ou de peinture, j'en suis d'abord attristée. Puis je me dis : « Il y a ici mieux que des tableaux et des statues ! Il y a des âmes françaises, des esprits qu'il faut cultiver et forger. Voilà l'œuvre du présent et de l'avenir, le monument plus durable que le marbre et le bronze. Laisssons le passé. En avant ! »

Je suis toujours frappée de l'immobilité des petites villes de province à travers les âges et particulièrement de notre pauvre Bourg-en-Bresse. Autrefois, la société y était très animée ; la famille Quinet y trouvait des relations très intéressantes. Aujourd'hui, tout y est mort. Si jamais une ville nouvelle surgit, elle s'étendra vers la gare, et alors la statue d'Edgar Quinet occupera un point central ; maintenant elle s'élève dans un désert.

En traversant ces plaines bressannes noyées par la brume épaisse, je vois quelle puissance poétique il a fallu à Edgar Quinet pour écrire tant de déli-cieuses pages sur « les vapeurs rampantes » de l'Ain ! De ces nappes blanchâtres, floconneuses, de

15

cette mer de brouillards surgissaient des fantômes adorés. Voilà l'horizon qui encadrait cette âme de feu pendant les années les plus orageuses de sa jeunesse.

Ni le printemps en fleurs, ni les livres éloquents n'ont la puissance de transformer le désert de la province, ce Sahara intellectuel. A quoi tient cette affreuse aridité, ce néant d'élévation, cette absence d'électricité?

La plainte est universelle. Il n'y a pas un point de France d'où ne parte un gémissement. Ce que les uns disent des petites villes du centre, d'autres le répètent des villes du midi.

Il faut enfin que cette nullité, ce néant constaté depuis trois quarts de siècle fasse place à une vie locale animée. Cette terre française, la plus belle qui soit sous les cieux, cette race française, la mieux douée, la plus généreuse, nous la voulons digne d'elle-même sur tous les points du territoire. Ne serait-ce pas l'enthousiasme qui manquerait à l'atmosphère vitale de la province? L'enthousiasme me semble la vraie rosée qui empêche l'univers de se flétrir.

Comment rallumer dans les âmes ce foyer qui

brûlait de tout temps, non seulement chez les héros, mais chez tout homme que le souffle de Loyola n'avait pas éteint?

On peut juger de la pulsation de vie d'une race par les livres : les plus frivoles, ceux qui étaient à la mode il y a cinquante ans, nous font encore tressaillir par quelque trait généreux, par la chaude sympathie si rare aujourd'hui.

Quand je vois le peuple travailleur et les désœurés mondains dévorer les mêmes pages, je pense à *Monte-Cristo*, aux *Trois Mousquetaires*. Quels goûts littéraires différents chez les petits-fils de ceux qui aimaient le brave d'Artagnan !

Allons saluer le monument élevé au grand Alexandre Dumas.

Il mérite sa réputation : son imagination est une vraie mine de Monte-Cristo, sa bonne humeur est inépuisable, son esprit est naturel, il a de l'entrain dans le style autant que dans l'invention. Il n'est jamais paradoxal; son cœur ignore la duplicité. Il n'a pas exploité le vice. Chez lui ni sophisme ni perversité brillante. Il a rarement de l'élévation, ne se pose pas en moraliste, mais il n'a aucun goût pour les choses dépravées; il ne transforme pas l'infamie en vertu et ne bouleverse pas les lois éternelles.

Alexandre Dumas n'a jamais commis le crime de corrompre l'idéal.

« Qu'importe à la France ce que pensent d'elle les autres peuples ! »

A ceux qui prononcent ces mots on peut répondre : Une nation, comme un individu, doit tenir compte de l'opinion publique ; après la conscience, il n'est pas de contrôle plus sûr de nos actions. Il faut donc que les actes d'un peuple et d'un homme soient d'une netteté irréprochable qui leur mérite l'estime universelle. Une nation ne peut vivre d'une vie isolée, de même que l'homme a besoin de l'affection de ses semblables. Une vaste solidarité unit tous les individus, tous les peuples contemporains, et les unit même à travers les âges. Notre France, autrefois à l'avant-garde de l'humanité, a subi un mouvement de recul pendant un quart de siècle. Elle reprend sa marche en avant ; les adversaires du progrès perdent du terrain chaque jour, mais ils conservent un empire sur l'opinion, à l'étranger plus que chez nous. Il faut démentir leurs accusations audacieuses, par notre sagesse, par notre esprit d'union.

Tout malentendu sera alors dissipé; la lumière se fera dans les questions obscurcies à dessein, et cette sympathie universelle des peuples à laquelle la France était accoutumée, lui reviendra. L'échange des idées est d'un intérêt tout aussi important à l'amitié des nations que les traités de commerce.

Il nous faut de bons citoyens. Nous avons des grands hommes; la mort ne les a pas anéantis. C'est à nous à les faire entrer dans le monde réel; ne les reléguons pas dans l'histoire. Il nous les faut immortels sur la terre, mêlés à la vie publique. Cela dépend de notre piété.

Ce mot sacré de Patrie qui est sur toutes les lèvres, il est bon d'en rappeler la signification réelle : C'est un idéal de justice et d'honneur qui unit tous les cœurs dans une passion unique pour un même pays. Cette passion sanctifie tous les grands souvenirs du passé et toutes les espérances d'avenir. Son but suprême, c'est l'indépendance, la gloire du pays, la culture de la nation dont nous faisons partie. J'ai dit *nation*, la terre natale n'est pas tout.

Peut-être d'autres peuples ont-ils un patriotisme plus pratique que les Français; mais leur patriotisme est étroit. Ce qui distingue la France et la sauvera au jour du péril, ce qui éloigne toute idée de décadence, c'est sa noblesse innée, et son profond sentiment de la justice. Même les États-Unis ignorent ce culte sacré de la justice; quand on prononce ce mot ils croient toujours qu'il s'agit d'une affaire de tribunaux.

Ce n'est pas assez de regarder en avant; il faut regarder aussi en arrière. Se souvenir de ce qui a été, du chemin qu'on a parcouru, des abîmes dont on vient de sortir. C'est le moyen de n'y plus retomber. On se rappelle alors que le temps est un élément indispensable du progrès. C'est la loi des choses. Le temps affermit, enracine ou corrige l'œuvre imparfaite. Il faut procéder sagement, progressivement, dans la voie des réformes, ne pas les tenter toutes à la fois. On doit agir révolutionnairement en temps de révolution et par réformes en temps de paix. Cette République, notre but depuis cent ans, personne ne peut la détruire que nous-mêmes. Jusqu'ici nous la défaisions jour par jour, pièce par pièce, comme des enfants curieux de découvrir le mécanisme secret de ce bel instrument.

Pitié pour ce peuple qui attend tout de la République, et qui n'obtiendra rien, si elle n'a pas le temps de vivre! On fatigue l'esprit public en soulevant tous les problèmes à la fois. La France n'est pas tout entière dans l'hémicycle du Palais-Bourbon : elle est dans les ateliers, dans les usines, dans les établissements agricoles, scientifiques, commerciaux, artistiques. On y porte le trouble, l'incertitude, en remettant sans cesse en question ce qui semblait un fait acquis. On ne vit pas seulement de paroles éloquentes, mais de travail manuel. Le travail manuel s'arrête faute de sécurité. Ce peuple laborieux, admirable, ne demande qu'à vivre en paix, à l'ombre du drapeau républicain. Le temps seul peut consacrer une œuvre de liberté[1].

Si imparfaite que soit une loi républicaine, elle vaut mieux que des révolutions nouvelles qui remet-

1. Écrit en 1888.

tent tout en question, le fond et la forme de la liberté. Quand les députés disent : « La France nous regarde ! » ils ne songent qu'aux réunions publiques. Mais ce grand peuple d'artisans, commerçants, agriculteurs, n'est pas tout entier dans ces réunions. Il est à son labeur, et il a besoin de paix, de sécurité.

Et cet autre peuple de l'avenir, aujourd'hui abrité dans les écoles primaires, dans les lycées, les collèges, il a aussi besoin de paix publique. Les commotions de la tribune sont ressenties là comme à la Bourse ; mais la baisse et la hausse ne se modifient pas avec la même rapidité.

Ah ! si l'on voulait tout subordonner à ce devoir supérieur : consolider la République, la faire respecter par les ennemis, la faire chérir par les amis !

Si les hommes de cœur voulaient comprendre cela ! Quant aux ambitieux, il n'y a rien à leur dire.

Il m'arrive souvent de causer avec des ouvriers, des travailleurs. Dans leur bouche les mots prennent une valeur significative. Alors on se rend bien compte du véritable esprit de la France : le bon sens, l'amour du travail et de l'ordre, voilà le fond de ce peuple de tant d'intelligence et de cœur.

Tous ceux qui travaillent à un métier quelconque ont besoin de sécurité et de justice. Ces deux conditions de vie sont menacées par les artistes en révolution, par ceux qui ne voient dans la liberté qu'une joute d'éloquence, ou bien un assaut livré à ce qui est debout. Ces artisans de la parole se figurent que tous les Français sont dévorés du même besoin de récriminations passionnées contre chaque acte du pouvoir, sous la République. Comme ils discréditent cette forme sacrée de la justice pour tous, de l'égalité dans le droit et le devoir! S'ils savaient comme ils ébranlent cette République conquise au prix de tant de sacrifices! Ils continuent à se servir des mêmes armes, des mêmes colères, des mêmes haineuses paroles qu'ils avaient contre le despotisme. Et pourquoi? parce que la République ne réalise pas en vingt-quatre heures le maximum du progrès, le dernier mot de la liberté?

On s'est plaint avec raison en 1848 que les ouvriers n'ont pas voulu faire crédit à la République plus de trois mois. Aujourd'hui ils sont cent fois plus sages, plus patients que certains mandataires de la nation.

15.

Est-ce aimer la France, est-ce l'aimer passionnément, fidèlement, depuis cinquante ans, que de
ne pouvoir lire sans larmes d'attendrissement ou
d'enthousiasme un fait quelconque qui touche à sa
grandeur nationale, à son intérêt moral?

Comment est-il possible que cette même émotion
ne fasse battre les cœurs de tous les enfants d'un
même pays? Ils ne l'aiment donc pas, ceux qui la
troublent et menacent sa sécurité? N'est-ce pas assez
que d'être haï par l'ennemi? Faut-il, hélas! créer,
entretenir des inimitiés intérieures? Qui nous ai-
mera, si nous nous détestons nous-mêmes?

Le grand courant patriotique qui soulève une
nation et qui l'entraîne aux nobles destinées, se
forme de toutes les volontés individuelles réunies :
la volonté de servir la Patrie. *L'amour sacré de
la patrie* est fait de tous les enthousiasmes ; chacun
y met sa flamme, vous et moi, nous tous. Dans les
grandes occasions, cette flamme jaillit très haut,
mais le feu brûle constamment dans les âmes fidèles.

Il est une hygiène, un spécifique souverain pour
apaiser l'esprit agité. Les mathématiques? l'his-

toire? Certes, voilà des calmants efficaces; mais comment saisir l'esprit rebelle et l'enchaîner par ce traitement? Pour peu qu'il réussît à mordre à cet appât, il serait sauvé; il porterait sa fougue dans un élément intellectuel réconfortant.

Il y a bien mieux encore : Patrie! Liberté! Ah! que ces deux mots d'ordre sont d'un vaillant secours! Jetez-vous tête baissée dans cet *amour sacré*, océan sans fond ni rivage, devenez un de ses flots, perdez-y tout sentiment de l'être individuel. Voilà une *fin* désignée à tous les désespérés de la vie.

France, le plus beau nom de la langue humaine, tu résonnes dans notre cœur comme un accord plein, harmonieux entre tous! France, cri de ralliement de tout homme qui aspire à une vie plus haute! Du fond des âges, France veut dire Patrie pour ceux qui n'en ont pas. Grand nom, magique et charmant, d'une fierté souveraine, artiste et guerrier, véritable fer aimanté.

Bonne, maternelle, ouvrant ses bras généreux aux suppliants qui embrassent ses autels, déesse souvent inhumaine pour elle-même! Depuis les

Gaulois, comme dans l'ère républicaine, ses fils se sont ralliés en face de l'ennemi. Dans la guerre, tous en un seul faisceau; désunis dans la paix.

Son histoire est celle de Saturne dévorant ses enfants. Et pourtant la lignée des dieux vient de là.

Géographiquement, l'Unité de la France est faite depuis cent ans.

Mais l'Unité des esprits, où est-elle? L'Unité du territoire ne suffit pas, il la faut plus complète. Je la cherche dans l'histoire, dans le passé, dans le présent, elle ne se trouve nulle part.

Un patriotisme éclairé la fondera.

Suffit-il de crier : « A Berlin! à Berlin! » pour prouver qu'on aime son pays! Le vrai patriotisme lui sacrifie toute prétention personnelle : ambitions, rancunes, intérêts privés, et même cette soif de fonctions, habitude séculaire léguée par les régimes précédents, incompatible avec les institutions démocratiques.

Quel doit être l'esprit d'une République? Le mot l'indique assez : l'intérêt de tous, la chose publique passe avant tout. Permis, sous les monarchies, de rêver, dès les bancs du collège, au portefeuille de ministre, au pupitre de sous-chef de bureau. Tant que la fièvre du fonctionnarisme n'a pas disparu de la statistique d'hygiène, on ne possède de la liberté que le mot. La fin du siècle approche, il est temps de s'orienter, de s'acclimater dans la liberté.

Un grand élan patriotique peut transformer en vingt-quatre heures les vieilles manies. Il nous faut une nouvelle nuit du 4 août. La démocratie dépouillera sur l'autel de la patrie ses intérêts personnels, source de dissensions. La représentation nationale, n'aura en vue que la grandeur de la France, la sécurité de la République, elle cessera d'être fractionnée, elle sera Une. Plus de groupes, de subdivisions! Les questions essentielles, avant les questions secondaires; et l'essentiel, c'est la durée de la République.

L'unité morale n'est pas accomplie, tant que subsiste cette déplorable facilité à briser les hommes de valeur. Comme si la race en était inépuisable et le nombre illimité! Ce qui abondera toujours sur cette terre gauloise de l'éloquence, c'est l'art oratoire, le talent littéraire, le goût artistique. Est-ce tout pour gouverner les hommes?

Une intelligence ou un caractère n'est pas sacrifié à la légère sans qu'il en résulte un dommage sérieux pour le pays. L'intérêt supérieur commande d'unir en faisceau toutes les forces nationales pour faire face à l'ennemi, réparer les échecs, les dissimuler au besoin. La plus grande force nationale, c'est l'union des esprits. En France, on est chevaleresque pour l'adversaire, implacable aux amis; à la moindre dissidence, un homme est jeté à la mer.

C'est ainsi qu'on a sacrifié depuis cent ans successivement les grands hommes et les hommes utiles, l'un après l'autre. Et, ce qui est plus grave, l'un par l'autre. L'accord ne s'est fait sur personne. Que dis-je? en remontant les siècles, on retrouve cette cruelle mutilation des partis avancés : La France s'est arraché le cœur avec les Vaudois, avec les Albigeois, avec les protestants échappés à la Saint-Barthélemy, avec les victimes de la révocation de l'Édit de Nantes, avec les proscrits de la Terreur, de la Restauration, de l'Empire et du Deux Décembre.

La science a été immolée avec Lavoisier et Condorcet; elle a dû se réfugier dans les gorges sauvages avec Ramond des Pyrénées.

Dix ans après, madame de Staël est proscrite; les conventionnels à leur tour sont bannis de la vie publique : les Carnot, les Cambon, les Baudot errent pendant quinze ans sur la terre d'exil, où les proscrits du coup d'État retrouvent leur trace en 1851.

La France a produit en cent ans plus d'hommes de génie que les autres nations réunies, mais chacune de ces nations a placé très haut l'homme qui travaillait à la grandeur de la patrie. Un même Westminster a honoré et consacré dans la mort les mérites récompensés de leur vivant.

Qu'avons-nous fait de nos grands hommes? Nous les avons brisés les uns par les autres. Plutarque a établi des parallèles entre deux hommes illustres pour mieux les célébrer. Nous aussi nous avons établi un parallèle entre deux noms, mais pour décapiter l'un des deux. Pour faire triompher Voltaire, on a rejeté Rousseau. Pour grandir Robespierre, longtemps on lui a sacrifié Danton. La Fayette n'est pas honoré comme Washington; Lamennais gît dans sa sublime fosse des pauvres, ignoré des disciples de Claude Bernard. On exalte Alfred de

Musset, mais on n'ose plus admirer Lamartine.
Arrêtons ici cette énumération déjà trop longue...

La lente justice arrive, mais en attendant, l'unité
française des esprits est en retard.

Pour la fonder, comment faire? Unir dans un
immense respect tous les noms qui personnifient
un véritable service rendu à la patrie, dans la vie
publique, dans les sciences et les lettres; jeter un
voile d'oubli sur les infirmités humaines; inscrire
tous les noms glorieux dans le Panthéon national;
il est assez vaste pour les abriter. Voilà une des
forces indestructibles de la nation, son effectif de
guerre réel, à l'heure où éclatent les hostilités.

Où est l'Unité française en histoire? Sur quelle
époque du passé avons-nous fait l'accord? 1789?
1793? 1830? 1848? le 4 septembre 1870?

S'il est une date qui doit nous rallier, c'est 1789;
mais là nous rencontrons Necker et La Fayette, qui
déplaisent à la Gironde. En 1793, madame Roland,
Vergniaud, qui déplaisent aux jacobins. Plus tard,
sous le nom de jacobins, tous les républicains en
masse, repoussés par une moitié de la France.

L'Unité des esprits ne se fait pas sur la révolution
de Juillet, nous y retrouvons encore La Fayette,

qui déplaît au parti Godefroy Cavaignac, Armand Carrel. Autant que de la Restauration, on a médit, de ces dix-huit années qui ont produit la plus brillante génération de penseurs, d'artistes. Ce sont eux qui font du xix° siècle le grand siècle.

On est encore plus divisé sur la révolution de 1848, parce qu'on l'ignore.

La grande tristesse de ceux qui avancent en âge, c'est de comparer ce qui est à ce qui fut; d'entendre ce qui se dit, en écoutant encore ce qui se disait autrefois, et de constater l'oubli.

Vainement on répéte avec Pindare : « Toutes les moissons ne sont pas les mêmes; l'abondance d'une année est suivie d'une récolte moins riche. »

Oui, la grande douleur des survivants, c'est de voir l'injustice des contemporains pour leurs devanciers. Ils ne les connaissent pas et, plutôt que de s'éclairer, ils préfèrent les amoindrir.

Pendant l'interrègne de la liberté, il y a eu abaissement moral. On ne veut pas se l'avouer, cette déchéance est passagère, mais très réelle. Ces arrêts subits ne sont pas faits pour durer, et depuis 1878, la marche en avant s'accentue avec éclat. Mais que de grandes idées et de nobles individualités sont restées sur la route, abandonnées, incomprises, méconnues!

Chose étrange, on n'a pas même la curiosité, le désir de s'éclairer sur ce passé si rapproché de nous! On pressent peut-être qu'il y a amende honorable à faire, à chaque découverte.

Ignorance toute volontaire. On connaît parfaitement les dynasties égyptiennes, l'antiquité la plus reculée. Les âges préhistoriques deviennent familiers aux enfants; grâce aux récentes fouilles dans les tombeaux et les ruines, aux inscriptions déchiffrées, le passé est exhumé, catalogué par maint collégien. Bientôt les petites filles s'intéresseront moins à leurs poupées qu'au peuple des momies.

En revanche, personne ne se doute ce qu'étaient les hommes de 48. La révolution de Février est d'une antiquité plus fabuleuse que la dynastie des Rhamsès[1].

Depuis 1852, il était de mode de ricaner en parlant des hommes de 48. La nuit noire qui a succédé à la chute de la République, un silence de vingt ans, le dénigrement systématique sous l'Empire, est à peine une excuse pour les contemporains si injustes envers la révolution de Février. J'en appelle aux

[1]. Un jeune lycéen me demandait récemment : Qui est Louis Blanc?

survivants. Leur témoignage est unanime sur l'Assemblée nationale élue en avril 1848, la plus noble réunion de Français depuis 1789.

Ce qui distingue cette assemblée entre toutes ce ne sont pas seulement les grands noms de la science et de l'art : François Arago, Lamennais, Lamartine, Béranger, Victor Hugo, David d'Angers ; des orateurs tels que Berryer, Ledru-Rollin, Jules Favre ; des épées illustres : Cavaignac, Charras, Lamoricière, Bedeau, Changarnier ; des historiens : Louis Blanc, Duvergier de Hauranne, de Rémusat, Thiers, de Tocqueville ; des lutteurs patriotes : Dupont de l'Eure, Raspail, Barbès, Baune, Flocon, Martin Bernard ; des esprits philosophiques ou religieux : Jean Reynaud, Pierre Leroux, Proudhon, Montalembert, Coquerel, Lacordaire ; mais il y a encore une foule de nobles caractères. Pour n'en citer que quelques-uns : Carnot, Charton, Chauffour, Dufour, Dornès, Fleury, Grévy, Guichard, Kestner, Millard, Pagnerre, Richard, Schœlcher, Trélat, Walferdin et presque tous les représentants proscrits de 1851. Faire la nomenclature de tant d'excellents citoyens, serait transcrire presque tout le livret des représentants. Chaque lettre de l'alphabet évoque un nom glorieux ou le souvenir d'un homme d'honneur. Qu'il me soit permis de terminer par le nom d'Edgar Quinet.

Théophile Dufour, ancien constituant, dont on a publié la Correspondance[1], aussi intéressante que celle de Doudan, était un des membres obscurs de cette grande Assemblée. Il en représente le tempérament moral. Il vous eût dit qu'il ne l'emportait sur aucun de ses collègues comme désintéressement, honnêteté, dévouement à la chose publique. Nous qui l'avons connu intimement, nous savons qu'il avait une autre supériorité que le talent épistolaire.

Quoi qu'il en soit, on ne reverra de longtemps une élite d'esprits distingués, si nombreuse. Et ce sont ces hommes-là que l'adversaire a voulu ridiculiser, après avoir cherché vainement à ensevelir leur mémoire? Le retour au Bas-Empire a réussi à créer une confusion momentanée, à intervertir les rôles. On a rejeté sur 1848 les iniquités du régime qui a suivi.

La lumière se fait tous les jours sur la révolution de Février. Si l'accord s'établit sur cette date, il ne sera pas difficile non plus d'être équitable pour

---

1. *Lettres à Quinet*, Calmann Lévy, éditeur.

les précédentes révolutions, pour les grands citoyens, dignes d'être honorés dans leur patriotisme, dans leur désintéressement. La justice absolue, rendue indistinctement à tous les hommes qui ont servi la patrie, la science, et l'art, voilà un des fondements de l'Unité morale, aussi indispensable que l'Unité du territoire. L'étranger glorifie nos grands noms, et nous Français, nous resterions divisés sur ces noms! Les préférences sont naturelles; mais n'y a-t-il pas un point intermédiaire entre le Capitole et la Roche Tarpéienne?

Allons ! un effort magnanime pour hâter l'*Unité française des esprits*! L'injustice et l'engouement ne nous ont pas porté bonheur. Si nous essayions juste le contraire, ne fût-ce qu'à titre d'expérimentation, et pour faire du nouveau ?

Que le point de mire, le mot d'ordre soit la consolidation de la République. Il faut lui sacrifier les jugements passionnés sur les hommes du passé, les rancunes contre les vivants. Cet arbrisseau planté en 1789 serait un chêne centenaire, si on ne l'avait sans cesse secoué, déraciné.

XII

UNE LEÇON DE CHOSES

Le glorieux Centenaire est venu et nous a apporté à la fois l'apaisement des esprits et une magnifique leçon de choses. Les merveilles de l'Art et de l'Industrie, accumulées au pied de la tour Eiffel attestent victorieusement la vitalité du génie français. Toute la différence, c'est qu'il n'est plus concentré dans un seul cerveau, dans une seule œuvre immortelle. Il se révèle par la puissance collective des inventeurs; il cherche l'Utile dans le Beau. Le génie humain a subi partout une orientation nouvelle; il suit une autre ligne. De là ces créations ingénieuses de l'industrie moderne.

De nos jours l'activité intellectuelle s'est reportée sur les faits. Le monde extérieur est exploré dans toutes les directions; voilà pourquoi les hommes s'inquiètent si peu des idées et des sentiments éternels; ils négligent cette seconde moitié de l'univers, l'âme humaine, qui pourtant est l'auteur des créations artistiques et scientifiques.

Ne soyons pas aussi exclusifs. Nous qui cherchons le Vrai dans l'Éducation et dans l'Art, interrogeons aussi les produits de l'esprit qui a façonné la matière.

Par où commencer?

Par la Galerie des machines.

Un vacarme étourdissant, les mouvements vertigineux de toutes ces roues, cylindres, presses, métiers, tuyaux, ces milliers de bras de fer, ces marteaux formidables qui frappent, ces poitrines de bronze qui respirent et qui ronflent, ces bouches d'acier qui sifflent, l'immense clameur produite par un peuple de métal, cette activité dévorante, surhumaine des géants qui prennent en pitié le labeur humain; ces ouvriers colosses qui fournissent plus de travail en une heure qu'une industrieuse ruche humaine appliquée du matin au soir à la besogne; ce miracle moderne, l'homme remplacé par l'intelligente machine qui réunit la force à la délicatesse, la vitesse au fini dans les moindres détails; cette puissance prodigieuse qui peut broyer des matières indestructibles et exécuter des chefs-d'œuvre d'élégance et de grâce, qui manie avec la même souplesse des tiges de fer, des câbles et les fils de soie ou de lin les plus ténus; cet assemblage de toutes les inventions, de toutes les industries en pleine activité dans l'enceinte immense du palais, voilà en effet de quoi surpendre et inspirer un penseur, un poète.

Mais hélas! l'infirmité humaine s'arrête épouvantée sur ce seuil redoutable et n'ose s'aventurer dans le royaume des Cyclopes. Cherchons un refuge pour reprendre haleine et nous orienter mentalement.

La première réflexion est celle-ci : Tout le génie humain dépensé pour créer ces machines qui fonctionnent sous nos yeux est-il parvenu jusqu'ici à guérir une souffrance, à inventer un calmant aux angoisses de l'âme?

A cette question répondent les sons majestueux d'un orgue. Une banquette derrière un rideau de velours nous offre un abri. Quel bon moment! L'organiste se place devant le petit clavier, tire les registres et l'orchestre invisible commence une œuvre magnifique de Haydn. Ah! voilà le bienfait sans égal, l'apaisement! Cette douce musique, ce fluide supérieur à la lumière et à l'électricité, enveloppe, pénètre l'organisme humain, le transforme; la douleur est oubliée. Une gratitude profonde pour ce secours toujours infaillible envahit notre être; la tête et le cœur s'abreuvent de ces mélodies adorables; elles se répandent sous la voûte immense, sans causer l'ébranlement qui suit la répercussion de l'orgue dans une nef moins vaste.

Voilà une heure vécue en bénissant l'existence. Et ne dites pas qu'elle est due aux merveilles de l'industrie; l'orgue, dont l'invention se perd dans la nuit des temps, ne vaudra jamais l'orchestre humain, l'exécution d'un chef-d'œuvre par de vrais musiciens.

J'ai cherché autrefois *Ce que dit la musique.* Et la peinture, n'a-t-elle rien à me dire? Interrogeons ceux des maîtres que je connais le moins, Corot, Diaz, Rousseau.

Il y a dans une des salles françaises un compartiment tout à Corot; parmi tant de ravissantes toiles, c'est le *Bain de Diane* qui me charme. Corot, c'est la nature vue à travers la poésie du souvenir qui ajoute un ton adouci aux plus brillantes teintes du printemps. Rousseau c'est l'éclat fulgurant de la jeunesse, la pleine maturité de la saison d'été quand chaque feuille, chaque fleur jette sa flamme et transfigure le coloris. Il a tout fixé avec un relief extraordinaire. Il y a dans les tableaux de Rousseau une lumière, un fini délicieux. Pourquoi tous les peintres feraient ils de l'inachevé? Cette exécution très soignée plaît infiniment. Mais Diaz, oserais-je dire qu'il égale Ruysdaël? Diaz c'est le mystère et la beauté des bois. Il a divinisé les troncs d'arbres, l'écorce, l'ombre, la solitude, le silence, la profondeur des forêts. Et quelles teintes du ciel! C'est le poème de la nature par excellence.

— Et Millet, l'oubliez-vous? — Ce maître veut une étude à part.

Pour en revenir à Corot, je remarque entre autres un paysage adorable avec une ruine dans le lointain. Chose étrange, depuis une heure la lumière n'est plus la même et la foule qui grossit empêche le recueillement : le *Bain de Diane* paraît tout autre. Il faut choisir l'heure favorable au mystère, à l'évocation de l'idéal, pour contempler ces nymphes voilées d'ombre et de feuillage et qui vont entrer dans l'eau. Le *Matin* de Diaz et un *Sous-Bois* de Fontainebleau exigent la même distribution discrète de lumière. C'est Rousseau qui me révèle la forêt de Fontainebleau; tout à l'heure j'admirais le fini accompli de sa peinture, voici des paysages qu'il semble avoir peints en quelques traits.

Faut-il concentrer ses préférences sur un seul maître? Mon choix est fait; c'est Corot. Quelle poésie, quelle vérité, quelle noblesse dans ses petits tableaux! Si quelques-uns ont poussé au noir, il en est d'autres qui gardent leur charmant coloris, la transparence de l'aube matinale ou le voile vaporeux du crépuscule. C'est un enchantement que de se promener en imagination dans ces clairières ombreuses que le soleil levant n'a pas encore illuminées et dans celles que les dernières lueurs du couchant empourprent encore. Point d'humidité à redouter, ni de coups de soleil non plus, dans ces bois, aux bords des sources! L'enchanteur, en quelques coups de pinceau, a préparé une retraite fleurie aux solitaires, aux infirmes.

Continuons à chercher des consolations dans les œuvres de l'esprit. Au lieu de nous rengager dans le pandémonium industriel, restons au Palais des beaux-arts.

Il y a aussi de ravissants tableaux champêtres de Troyon, et, dans un autre genre une petite composition d'Hamon, *Muses pleurant sur les ruines;* c'est d'un grand souffle et d'une grâce exquise. Je ne sais ce que vaut le dessin de ce tableau, mais l'idée en est belle, l'arrangement des groupes est harmonieux et plein de sentiment.

Voici une toile de Robert Fleury : Galilée n'est pas la figure la plus importante de la composition; je ne trouve pas assez de majesté à l'héroïque martyr de la science; le bourreau est le personnage le plus éloquent.

Jean Gigoux a choisi un très beau sujet : *Les derniers moments de Léonard de Vinci.* Il y a bien un peu de réminiscence du *Saint Jérôme* du Dominiquin dans ce vieillard à barbe blanche, dans ce moribond agenouillé qui va recevoir le saint viatique.

Jetons un coup d'œil sur l'École anglaise. On dit qu'elle renferme des miracles de l'art.

Voici les *Femmes d'Amphisse* d'Alma Tadéma. La pensée est ingénieuse, le dessin admirable; constatons que le caractère de la beauté est absolument anglais. Dans ce tableau d'un sujet antique, point de figures antiques. Pourtant quel musée offrirait au peintre des types, des modèles de la beauté grecque si ce n'est la collection des marbres de lord Elgin! Eh bien! toutes ces femmes d'Amphisse sont anglaises. Certes, la beauté anglaise est exquise, mais nous cherchons ici l'expression, l'attitude, la noblesse, la flexibilité des figures grecques et non des filles d'Albion.

Rien ici ne rappelle les Ménades. Ce sont de ravissantes pensionnaires en vacances qui reviennent exténuées d'une ascension dans les montagnes d'Ecosse. Les respectables matrones qui leur offrent une collation semblent sortir de la *Nursery*. Oui, c'est bien cela, sauf le costume qui n'est pas celui des touristes.

Cette impression à part, tout est charmant dans ce tableau. Chaque figure est traitée avec esprit, avec naturel, d'une vérité saisissante dans les moindres détails et cependant reliée aux groupes divers et à l'ensemble du tableau. Simplicité, candeur, voilà le principal charme de cette jolie composition. Ce n'est guère l'effet que produiraient des Bacchantes. Comme la lassitude de ces charmantes filles est bien nuancée selon leurs tempéraments divers! C'est bien la nature anglaise, à la fois délicate et robuste à force d'exercice, de soins hygiéniques, de gymnastique, d'intelligence appliquée à l'éducation physique.

Ces figures respirent la santé, le contentement, comme après une course dans les forêts, sur les hauteurs, une course salubre à l'âme et au corps. Sur ces délicieux visages si droits, si francs, si bien portants, ne cherchez pas l'expression des Ménades; pas de trace d'un mouvement désordonné, d'une folie échevelée. Ce sont de charmantes et honnêtes misses; allongez les robes, chaussez les pieds, c'est presque un *garden-party*.

Ce tableau est éclipsé par une toute petite œuvre, une toile de quelques centimètres de hauteur et de largeur; voilà vraiment la merveille. Sur un banc de marbre circulaire une femme, en draperie blanche, regarde au loin la mer bleue; elle abrite de sa main ses yeux pour mieux voir dans le lointain. Une branche d'aubépine rose, fleurie, se penche sur

la balustrade; le ciel, la ligne de l'océan, la figu-
rine drapée à l'antique, tout est d'une exécution
féerique surprenante; on reste ébloui. Ce chef-
d'œuvre de l'École anglaise c'est *l'Attente* d'Alma
Tadéma.

Il faut pourtant redescendre de l'idéal au réel,
quitter le Palais des beaux-arts pour les galeries de
l'Industrie.

On a dit que l'Exposition était une immense
leçon de choses. En effet, elle enseigne ce que
j'ignorais le plus : il y a encore d'autres consolations
que la vie de la pensée. L'éducation artistique, si
généralisée chez les modernes Athéniens s'est
faite très lentement chez certain vieux philosophe;
elle lui arrive comme un délassement après une
vie laborieuse et sévère. Il avait des yeux pour
ne pas voir, et passait indifférent devant les merveilles des Gobelins, de Sèvres, les bronzes, émaux,
cristaux, grès, faïences. Et maintenant, quelle
joie des yeux!

Pardonnez-lui de l'exhaler ici.

Quel bonheur de naître à une œuvre belle qu'on
ignorait! Qui serait las de la vie, quand il y a tant

de choses à apprendre, à aimer? L'art décoratif m'était inconnu; la société moderne, au contraire, en est engouée au détriment du grand Art; c'est une mode, un signe de richesse et de bon ton. Oui, l'art décoratif est une musique des yeux; mais on peut se plaire à la musique légère, même quand on adore Beethoven.

Je ne puis m'empêcher de parler de ces tableaux des maîtres exécutés en laine et en soie aux Gobelins; de rudes mains d'ouvriers créent ces féeries. Ouvriers? non, artistes assurément. Le travail délicat du dessinateur, du coloriste, porté à un tel degré de perfection, c'est plus que de l'art décoratif. Voyez ce panneau qui représente un coin de la forêt, un sous-bois où la végétation luxuriante, le fouillis inextricable des branches, des lianes, encadrent une source. L'eau, la lumière, la clarté verte, les fleurs très simples comme on en trouve dans les fourrés, tout est d'une réalité vivante; je me retrouve dans un bois d'Etampes où j'ai éprouvé la même sensation de lumière verte et de fraîcheur. Qu'un paysage de Daubigny ou de Corot vous donne cette illusion, à la bonne heure, mais une tapisserie de Beauvais!

Et cette symphonie en bleu, cet Amour sur un griffon aux ailes bleues, sur un fond bleu? Cette couleur bleue est si délicatement nuancée qu'elle vous enseigne à apprécier les finesses de langage, les subtilités de style.

Tout cela est d'un art très raffiné, inconnu aux modernes Diogènes qui vivent dans leur tonneau et n'exigent qu'une seul chose, c'est que la lumière ne leur soit pas refusée.

A mesure qu'on regarde attentivement ces panneaux, les secrets de la couleur et ses harmonies se révèlent aux plus ignorants. Cent détails jusqu'ici inaperçus embellissent l'œuvre qu'on étudie et qu'on admire. L'éducation de l'œil fait découvrir tout un infini là où l'on n'apercevait que des surfaces brillantes ou des masses confuses.

Je me suis longtemps arrêtée devant la *Filleule des fées*, une tapisserie d'après Mazerolles. Quel éclat, quelle grâce! Les fées se penchent vers l'enfant endormi pour entendre ses rêves. Au premier plan, une vieille sorcière, courbée par l'âge et par la malice, se sent vaincue, écrasée, sous le triomphe de la jeunesse, de la beauté.

Mazerolles est mort avant d'avoir vu son tableau

reproduit aux Gobelins; un crêpe noir le rappelle; donnons lui aussi un souvenir.

Jusqu'ici ces merveilleuses tapisseries ne servaient qu'aux rois et empereurs; aujourd'hui elles décorent les palais du peuple souverain, la Maison de Ville, le Parlement, l'Élysée habité par le chef respecté de l'État.

Un artiste de génie, M. Gallé, de Nancy, qui a exposé de petits chefs-d'œuvre en ébénisterie, en céramique, en émail, nous apprend ceci : on peut *lire* les ouvrages de bois, de cristal, de bronze, d'or et d'argent tout comme les pages d'un volume. Ils parlent à l'imagination autant qu'un livre imprimé; et il y en a de légers et de classiques, de souriants, d'autres pleins d'héroïsme. En écrivant ce mot je pense à l'admirable groupe en bronze de Croissy, la *Défense du drapeau*. Est-il possible de faire palpiter le métal d'un si ardent souffle de patriotisme!

Les galeries des Fontes de fer, l'Aciérie révèlent un côté plein de grandeur de l'industrie. Ces portiques en acier, ces trophées de cuivre, ces travées remplies de formidables engins de la guerre, canons, obus, plaques de blindage, cuirasses de navire, torpilles, hélices; tout ce qui sert à la marine, à la construction des navires, des chemins de fer, des ponts; tout ce qui sert à l'exploitation des mines et aux usines; tout ce fer forgé, ce plomb, ce laiton, ces colossales machines de Fives-Lille; enfin tout cet attirail de la force nous fait mesurer la distance qui sépare une fourmi d'un géant. Mais c'est la première fois que le sentiment de ma médiocrité ne m'a pas attristée. Oui, on se sent bien petit devant cet assemblage de toutes les productions du génie humain. On se rend compte de son néant, du peu qu'on vaut comme instruction, et cependant on en est heureux. Heureux de reconnaître autour de soi tant de supériorités en tout genre, dans l'industrie, dans la science, dans l'art!

Avant de quitter les galeries de l'Industrie, arrêtons-nous un instant à l'Ameublement; c'est presque de l'art décoratif. Voici une chambre à coucher qui dépasse en luxe de bon goût tout ce que l'imagination des romanciers a jamais inventé pour créer un cadre à la beauté, cadre blanc et or, rose tendre ou azur. Le lit de repos à baldaquin, les rideaux, les sièges sont revêtus d'étoffes somptueuses, gloire de la soierie lyonnaise; le dessin du mobilier, le choix des bois, des bronzes, des tapis s'harmonisent avec leur exquise élégance. Est-ce une jeune souveraine ou une reine de théâtre qui foulera de son petit pied ce seuil de fées? Un conte de Perrault en satin blanc, en nacre de perle, en ivoire, en or, voilà cette chambre. Mais dans tout conte de fée il y a un troisième souhait : je cherche en vain la merveille de confort à la portée commune des mortels. Ceux-ci n'ont encore aucune part aux bienfaits de l'Exposition; le génie de l'industrie et de l'art décoratif ne travaille pas pour eux. Ayez des millions, et vous ferez partie de cette élite du genre humain qui jouira des inventions superbes et charmantes contenues dans cette enceinte. Qui peut aspirer à ces magnificences? Les souverains possesseurs d'un trésor royal, les nababs de l'Inde, les archimillionnaires yankees, les princes barbaresques enrichis par des siècles de rapines, par les épaves que la piraterie a entassées dans leurs coffre-forts regorgeant de joyaux. Les rois de la finance, les étoiles de théâtre, voilà aussi une clientèle. Pour qui ces toilettes enchanteresses exposées aux vitrines? Et ces raffinements de la civilisation qui suppriment la fatigue, wagons-lits, fauteuils et mille ingénieux objets de confort et de luxe? Que manquera-t-il à ces êtres fortunés, si ce n'est l'immortalité? Tout est prévu pour leur épargner le moindre effort, la moindre disgrâce, même la souffrance causée par le pli d'une rose. Toutes ces merveilles embelliront ou adouciront leur existence.

Et celui qui ne possède rien? Rien que son âme, une âme intègre et fière?

Oui, l'on jette un regard un peu attristé sur ces créations du génie humain qui ne s'adressent qu'aux privilégiés de la fortune. Même en admettant que toute invention finit par se généraliser par la suite des temps et qu'elle profite à la société entière, il est inutile de philosopher là-dessus, difficile de croire que dans quelques siècles chacun de nous pourra s'étendre dans ces beaux wagons capitonnés de velours blanc, ou dans ces boudoirs de satin bouton d'or; et qu'on possédera une de ces bibliothèques sculptées, incrustées, ornementées, dont chaque volume est revêtu d'une reliure cent fois plus précieuse que le texte.

Ne se trouvera-t-il pas un exposant, un ébéniste-tapissier qui exécutera avec des bois simples, avec des étoffes peu coûteuses un chef-d'œuvre de goût, de confort, pour les bourses pauvres? Cet artiste-là mériterait la grande médaille.

Je le répète, le palais des beaux-arts seul leur garde des trésors, les joies de l'esprit. L'œuvre de Haydn qui m'a bercée pendant vingt minutes dans ses vagues mélodieuses résume cette vérité : le grand Art, voilà le luxe du pauvre.

Le musée du Trocadéro sera aussi pour lui une mine de jouissances artistiques, avec ses monuments d'architecture française et les trésors des églises. Qui peut se payer des voyages à Reims, à Chartres, à Sens, à Bayeux, à Auxerre, à Troyes, à Beauvais, pour étudier les célèbres cathédrales?

Les galeries circulaires du Trocadéro nous dispensent de faire le tour de France. Les voilà presque tous réunis, ces spécimens si importants de l'architecture, depuis le XIe siècle jusqu'au XVIIe. Non seulement les plus belles cathédrales, mais les plus intéressants monuments historiques, ornés de leurs merveilleuses sculptures, de leurs statues, sont reproduits avec leurs vraies dimensions dans le musée des moulages français. Les façades, les portes triomphales, les arcades, les portiques, les stèles, d'autres gigantesques fragments sont là. Ils vous font illusion ; on les dirait en pierre, en marbre. Voici la cathédrale de Vézelay, l'église d'Aubazine dans la Corrèze, le portique du palais ducal de Nancy, et entre autres, le chef-d'œuvre architectural de Rouen, la tour de l'Horloge ; puis le portail de Saint-Maclou, le clocher de Saint-Trophime, autant de merveilles. On a eu l'idée de séparer les immenses galeries par ces portiques, ces arcades qui forment des travées, des compartiments, des cloisons où les trésors de l'orfèvrerie française depuis saint Louis sont exposés dans des vitrines. Les tapisseries prêtées par les cathédrales et les abbayes ornent les murs et racontent les légendes fabuleuses ou historiques. Rien de plus magnifique et de plus touchant que le monument de l'ancienne Chartreuse de Dijon, le Puits de Moïse. On est frappé par l'expression de ces figures si sérieuses, si éloquentes. Involontairement on leur compare l'expression inanimée des visages contemporains. Ce n'est pas l'artiste qu'il faut accuser ; que lui servirait de savoir peindre les caractères ? Il ne trouve plus de physionomies parlantes, éloquentes. On l'a dit : maîtriser l'expression, prendre un masque de froideur, d'indifférence, ressembler à une figure de bois, c'est là le suprême bon ton, le signe de la distinction. De là ces bustes qui se ressemblent tous, inanimés, d'une monotonie surprenante, tandis que ces têtes du moyen âge et de la Renaissance diffèrent à l'infini par le sentiment qu'elles expriment : les unes naïves, les autres passionnées, sombres ou joyeuses, belles ou grimaçantes ; mais enfin la vie éclate dans la laideur comme dans la beauté. On n'était pas encore passé maître dans l'art d'annihiler les mouvements du cœur, les palpitations de la chair.

Continuons la promenade dans l'aile droite du palais. Quelle merveille que ce jubé de Limoges ! Et la cathédrale de Laon, et l'église de Saintes avec son portail superbe, et ces sculptures de l'Hôtel de Rouen, car il faut y revenir. Ce sont des poèmes de pierre qui racontent l'histoire de France ou ses légendes religieuses.

Bien intéressants aussi les restes du château d'Écouen. Enfin le tombeau de Henri II et de Catherine de Médicis par Germain Pilon est d'une grande originalité. Il les a dépouillés de leurs habits royaux : les voilà, ces tyrans redoutés, à peine recouverts d'un lambeau de draperie, dans la nudité du ver de terre.

Les bas-reliefs de la cathédrale de Troyes, qui représentent la Sainte-Cène, me semblent très beaux, et les figurines de cette même cathédrale sont d'une grâce raffinée. La façade de l'église Saint-Gilles, dans le Gard, et la façade de l'église de Moissac se trouvent aussi dans l'aile droite de la galerie.

C'est Beauvais qui a fourni le plus de chefs-d'œuvre en tapisseries du xve siècle; celles de Rouen racontent les légendes de Clovis et de la Vierge; enfin les plus belles proviennent de l'hospice de Chalais et de l'abbaye de Charlieu dans la Loire.

Impossible d'énumérer les trésors prêtés par les églises et ceux de la collection Spitzer renfermés dans les vitrines : reliquaires, châsses, calices, patènes, mitres, encensoirs, croix, ornements et bijoux de toutes espèces, statuettes en bronze, en argent, en ivoire, de toutes les époques du moyen âge. Ces richesses artistiques représentent plusieurs siècles d'histoire et donneraient l'idée d'une vraie splendeur de civilisation. En réalité elles nous parlent des temps les plus malheureux : misère noire chez le peuple, barbarie chez les grands, guerres civiles, ignorance, superstitions, décadence de l'État; toutes ces causes réunies ont fait affluer dans le trésor des cathédrales l'œuvre des artistes, offrandes des rois, épaves de la fortune publique.

A certains égards, le XIXe siècle, si pauvre en inventions de ce genre, nous semble un simple collectionneur, un exposant d'œuvres rééditées, mais sa supériorité éclate dans les créations de l'esprit. La première moitié du XIXe siècle a produit des chefs-d'œuvre dans toutes les branches des connaissances humaines, poésie, histoire, science militaire, sciences naturelles, inventions, découvertes. La fin du siècle applique ces découvertes à l'utilité générale; les inventeurs de génie transformeront le monde par l'électricité, par la mécanique; la Tour Eiffel et le phonographe suffiraient à la gloire de ce temps. Oui, le XIXe siècle apparaîtra très grand, alors que les médiocrités, les laideurs qui nous humilient aujourd'hui seront engouffrées dans l'oubli et que les purs chefs-d'œuvre de l'esprit surnageront.

Aussi l'on éprouve un sentiment d'orgueil national en embrassant du regard le Champ de

Mars du haut du Trocadéro. C'est là, sur les marches de ce palais qui domine l'Exposition, qu'on peut se rendre compte du génie prodigieux manifesté sous toutes les formes. Un temps splendide, un ciel éclatant favorisent ce spectacle unique au monde; le soleil fait étinceler le fleuve glorieux, témoin éternel des événements et des œuvres qui illustrent ses rives, et des générations qui se succèdent, qui passent, comme ces flots, toujours changeants, toujours les mêmes.

Les plus célèbres paysages d'Europe, le golfe de Naples, l'entrée du Bosphore, n'éveillent pas un étonnement plus grand que cette vue d'ensemble. Une ville de fées émerge aux pieds de la Tour Eiffel, avec ses palais, ses jardins, ses fleurs à profusion, ses fontaines, ses eaux qui égaient la verdure et portent partout la vie et la fraîcheur. C'est un miroitement d'or et de lumière; dans l'azur du ciel s'élancent des flèches, des tourelles, des coupoles de toutes couleurs, bleues, rouges, bronzées, argentées, dorées.

On descend les escaliers de marbre, on s'engage dans les allées du jardin éblouissant de verdure sous un soleil ardent; toutes les essences de la végétation y sont réunies; les plus beaux arbres vous protègent de leur ombre. Au pont de Iéna on s'arrête émerveillé; on regarde le fleuve en amont, en aval, sur la rive droite, sur la rive gauche; partout quels tableaux merveilleux! C'est un des points de vue les plus extraordinaires de l'Exposition : de chaque coin de terre s'élève un édifice de forme, de nuance particulière. Dômes, châteaux, temples, pagodes, palais, ruines, kiosques, villas, tentes bariolées, tout y est; si harmonieusement groupé parmi ces arbres, sur ces pelouses d'un vert émeraude, qu'on sent bien ici la présence d'une pensée savante, régulatrice, et non pas le hasard, l'amoncellement produit par les âges.

Le pont d'Iéna avec ses cavaliers et ses chevaux de marbre, forme une magnifique avenue vers le Dôme central. A droite, à gauche, le Palais des Arts libéraux et le Palais des Beaux-arts font avec le Trocadéro un superbe quadrilatère dont la Tour Eiffel occupe le centre. Cette colossale créature qui a enfoncé ses quatre pieds dans les blocs de pierre, s'élance si légère, si diaphane au-dessus des nues, qu'on est surpris du roulement de tonnerre des ascenseurs qui portent jusqu'au faîte la fourmilière humaine. Et ce sont précisément ces pauvres fourmis qui ont créé tous ces prodiges.

Si j'étais du jury des récompenses, c'est au Palais des forêts que je décernerais le grand prix; il représente un genre absolument nouveau; c'est une trouvaille.

Quel est l'artiste ingénieux, délicat, le poète amoureux des forêts de France qui a élevé cet édifice? Il y a mis un esprit pittoresque, l'amour de la nature, mais surtout l'amour du pays, avec un vrai culte pour toutes ses essences de bois.

C'est le poème des Forêts de France. Toutes les formes végétales et sculpturales sont groupées dans une fusion savante et harmonieuse; les forêts et les cathédrales ont fourni les modèles, et l'architecte qui possède les ressources infinies de l'ornementation l'a variée avec une grande richesse. C'est exquis.

Non, jamais le dôme de Sainte-Marie-des-Fleurs, à Florence, ne m'a causé cet enchantement. A vrai dire les fées des bois ont fait surgir cette merveille. Oh! qu'elles ne la fassent pas disparaître! A un signe de leur baguette les arbres se sont rapprochés et serrés en lignes compactes pour former les murs ; des chênes séculaires se sont rangés en colonnade majestueuse ; des troncs rugueux, non écorcés, ont formé les pilastres, les balcons, les terrasses, les escaliers rustiques, les bassins des fontaines où l'eau claire s'échappe en cascatelles d'une rocaille ; voilà pour la façade. Si l'extérieur est imposant par son fronton, par ses colonnes, l'intérieur est charmant d'élégance alpestre, avec ses doubles galeries circulaires, décorées de tout ce qui rappelle la vie des bois à l'état de nature et de civilisation, avec tout ce qui sert aux travaux forestiers et champêtres. Trois vues de diorama vous transportent en pleine combe, au cœur de la montagne : voici la cabane du bûcheron, son foyer, son lit dans le châlet ; vous touchez de vos mains ses outils, ses ustensiles ; tout est là et complète l'illusion par la réalité.

Dans ce Palais des forêts tous les bois sont de nuances différentes. En même temps, ils offrent une collection unique au monde de toutes les essences forestières de France : les sapins centenaires des forêts profondes qui séparent le Jura des régions alpestres ; l'antique chêne des Gaules, l'arbre des druides ; les beaux mélèzes d'Auvergne contemporains de Vercingétorix; les pins de Roncevaux dont les aïeux ont entendu le cor de Roland; les rejetons des arbres de l'Ile-de-France qui ombrageaient saint Louis rendant justice; l'arbre des fées sous lequel rêvait Jeanne d'Arc; les hêtres, les charmes des bois de Rambouillet, de Versailles, de Saint-Germain, qui ont vu passer les chasses royales et tant de belles dames, depuis la charmante Gabrielle jusqu'à la douce La Vallière; les châtaigniers de Savoie qui ont reçu les confidences de Jean-Jacques dans sa jeunesse; les chênes de Montmorency qui l'ont vu herboriser dans ses vieux jours; les pins des forêts d'Arcachon qui ont abrité les Girondins fugitifs et poursuivis; les sapins des Vosges sous lesquels défilèrent les immortels bataillons de l'Argonne, les arbres de Fontainebleau idéalisés par les Dupré, les Rousseau, les Millet, les Corot, survivant, grâce aux maîtres, même alors qu'ils sont abattus. Enfin toutes les variétés de cette terre de France, si belle et si aimée, sont là : peupliers, merisiers, aulnes, platanes, saules, acacias, tous ont fourni leurs troncs sveltes ou rugueux, leurs écorces coloriées, blanchâtres, grisâtres, pour construire et orner leur temple.

La voix des oiseaux gazouille encore dans les branches émondées, le cor de chasse et le clairon des batailles sont répercutés par ces vieux troncs, mille serments d'amour restent gravés sur les écorces; ah! ne détruisez pas ce chef-d'œuvre! Grâce pour le Palais des forêts [1]!

En 1878 on critiquait le manque d'originalité des édifices de l'Exposition; on ne le dira plus après 1889.

Et cependant on continue à déplorer la stérilité d'invention en architecture. Pourquoi s'en étonner? Le génie humain n'est pas toujours orienté du même côté, il reporte son activité dans une autre direction. Un temps viendra où l'architecture, aussi bien que le style littéraire, retrouvera, par un homme de génie, des formes nouvelles. Voici déjà que l'ornementation extérieure s'inspire des découvertes de M. et madame Dieulafoy : la coupole des deux palais, Beaux-arts et Arts libéraux, est plaquée d'émaux bleus et blancs comme le palais de Darius à Suze. Le fer substitué à la pierre est aussi une innovation originale en architecture.

1. Ce vœu est exaucé.

Quoi qu'en ait dit Victor Hugo dans *Notre-Dame de Paris*, l'architecture n'a pas été tuée par l'imprimerie. Quand un art a atteint son point culminant, cette époque éclatante est suivie d'un temps d'arrêt. De là décroissance, décadence. La force de création a ses limites, la sève n'est pas inépuisable ; un terrain qui a donné les plus riches moissons s'appauvrit si on ne le renouvelle en changeant de culture. Cette loi de la nature s'applique à l'esprit aussi bien qu'à la végétation. Le génie humain ne se met pas en jachère ; il se fraie d'autres voies et crée des chefs-d'œuvre dans un domaine tout différent. Non, un art ne tue pas un autre art ; le génie humain alterne, il change de corde. Ainsi, de nos jours, les inventions scientifiques, leur application aux besoins de la société, remplacent les créations originales en littérature. Soyons sans crainte : les chefs-d'œuvre en prose et en poésie renaîtront. Et alors on replacera très haut les noms aimés, un peu éclipsés en cette fin de siècle métallurgique.

J'ai nommé tout à l'heure Dieulafoy. Cette restitution du palais de Suze est magnifique d'architecture et d'ornementation. Comme il semble écraser le Parthénon! Mais si petit que soit le temple grec, il renferme l'univers intellectuel et l'éternelle beauté. J'en appelle à la Victoire de Samothrace dont il ne reste que les ailes et les draperies de marbre soulevées par le vent. Ce fragment mutilé trône au-dessus de tous les dieux d'Afrique et d'Égypte si fort à la mode aujourd'hui.

Je pense que ces voyages autour du globe dans l'enceinte du Champ de Mars et à l'Esplanade des Invalides élargiront certaines idées du Parisien qui circonscrit volontiers l'univers dans les premières rangées de fauteuils à la Comédie-Française ou à l'Institut. Il cessera d'y faire tenir le *Tout-Paris*, de ne s'intéresser qu'aux traits étincelants, aux boutades de la pièce en vogue et aux discours académiques; l'horizon de la pensée s'étendra aux immenses continents jusqu'ici chimériques. L'Exposition les a rapprochés de nous; elle étale sous nos yeux la civilisation des autres peuples vivants ou disparus et qui survivent seulement par leur culture artistique.

Nous aussi, allons faire le tour du monde : D'abord un voyage dans l'Amérique du Sud. En trois heures à peu près, on acquiert plus de notions sur ces pays lointains que dans l'espace d'une longue vie. Quelle leçon de géographie et d'histoire! Les plus beaux livres, ceux de Humboldt, ceux de Prescott ne vous en apprennent pas autant sur le Mexique, le Pérou, le pays des Incas, la patrie de Bolivar. Ce n'est plus l'inconnu vague, indifférent, c'est la réalité. Nous venons d'amarrer aux bords de l'océan Pacifique; nous avons sous les yeux les produits des Cordillères, des forêts d'ébéniers, de palmiers, d'aloès, de cèdres, avec leurs colibris, leurs oiseaux de paradis semblables à des fleurs, à des pierres fines. Les voilà : ils voltigent dans la lumière électrique; nous touchons de nos mains les blocs d'argent, les pyramides d'or des mines de Potosi. Enfin, nous voyons les habitants de ces contrées, l'Araucan à cheval, les indigènes espagnols ou indiens, les uns en cire, les autres vivants, citoyens libres de l'Amérique du Sud.

L'architecture du palais du Mexique est extrêmement intéressante; mais au point de vue archéologique rien de plus original que le petit monument de l'Équateur, le temple du soleil. Il ne rappelle pas seulement Montézuma et ce pauvre Guatimozin, et cette parole d'ironie héroïque (souvent répétée après lui) : « Et moi donc, suis-je sur des roses? » On rêve à la flore des Andes qui nous donne le cacao, la vanille, le quinquina; et à la vallée de Quito où règne le climat le plus délicieux de la terre, aux pieds du Chimborazzo.

Continuons notre voyage à travers les autres républiques : Uruguay, Nicaragua, Bolivie, Guatemala, Venezuela (les petites Venises), Salvador, Paraguay. Leurs divers palais rappellent par l'architecture, par l'ornementation, par la coloration, les richesses des forêts vierges, le plumage diapré des oiseaux et les plantes exotiques si éclatantes qu'elles font pâlir nos fleurs d'Europe. Ce qui me touche plus que les produits merveilleux des pays du soleil, c'est leur amour pour la France; en s'affranchissant de l'Espagne, elles sont devenues républicaines de forme, françaises de cœur. Pour tout patriote de l'Amérique du Sud la France est la terre promise; leurs monts aurifères, leurs mines de diamants, leurs océans remplis de perles, leurs paysages féeriques, « beau paradis sorti de l'onde », tout est éclipsé à leurs yeux par la magie de ce nom de France! Bolivar est fils de la Révolution française et c'est du Chili et de Buenos Ayres que sont venus les plus ardents disciples du Collège de France, les vrais fils intellectuels de Quinet et Michelet.

En revanche l'exposition du Paraguay évoque le souvenir de Rosas et du jésuite Francia. Le gouvernement théocratique convenait peut-être à ces régions au climat brûlant, aux forêts remplies de tigres, de jaguars, d'ours noirs, de serpents à sonnettes, de moustiques, de vampires, à ces régions volcaniques secouées par les tremblements de terre et les coups d'État.

Le palais du Brésil n'a rien de bien caractéristique; là-haut, sur les terrasses qui dominent les jardins et la riche flore brésilienne, on s'attend au panorama de Rio de Janeiro, le plus beau paysage de l'univers. Au milieu de la serre qui renferme pour un demi-million de plantes exotiques trône la Victoria Regia de l'Amazone, aux larges feuilles blanches qui peuvent, dit-on, supporter un enfant. Ce nouveau-né, serait-ce la République du Brésil?

De la République Argentine je ne dirai qu'un mot. Ce palais ornementé, multicolore, un des plus vastes de l'Exposition, regorge de richesses industrielles, agricoles, commerciales. Une machine frigorifique occupe la place d'honneur. Elle me rappelle les deux frères Bilbao; leurs destinées si différentes symbolisent deux époques, deux génies, l'idéal et le positif. L'aîné, soldat de la liberté à dix-huit ans, patriote héroïque, exilé du Chili, disciple de Quinet et de Michelet, a consacré sa jeune existence au devoir, au culte du beau et du bien. Michelet disait de lui : « Ce sera le Washington du sud ». Dans sa dernière traversée de l'Atlantique il sauve une inconnue tombée dans la mer et paie de sa vie cet acte de dévouement. Son frère cadet, grand industriel, invente et exploite ces machines ingénieuses, si utiles dans les pays brûlants; il gagne une brillante fortune avec la fabrication de la glace.

L'heure avance, il s'agit de gagner l'Afrique et l'Asie. Ce voyage de circumnavigation est assez pénible à travers la foule. Après diverses escalades de ponts et de passerelles, nous voici à l'Esplanade des Invalides.

Par les interminables galeries de l'Agriculture on

atteint l'avenue centrale qui s'étend à perte de vue jusqu'au dôme des Invalides. Le long promenoir couvert d'un velum abrite les visiteurs contre le soleil et la pluie; l'attrait est si grand à droite et à gauche qu'on ne sait par où commencer.

L'Algérie se présente d'abord, et toute l'histoire de la conquête et de la civilisation de notre France africaine est là, dans ce palais algérien avec ses arcades, ses galeries, son minaret, son bazar, ses jardins, sa population arabe, tout cela sous un ciel de feu. On n'a pas la peine de passer la mer. Une construction absolument originale est l'Oued Rir.

Comment s'arrêter aux détails quand l'autre colonie voisine nous attend, la Tunisie? L'immense palais tunisien est toute une cité, avec ses cours intérieures, plantées d'arbres, ses fontaines jaillissantes, le Souk et ses vingt-six boutiques où tout vous éblouit et vous ahurit, bijoux et clinquants, broderies d'or et d'argent, tapis et burnous, étoffes blanches lamées d'or, parfumeries, essence de rose et cris étourdissants. Un pavillon construit en troncs de palmiers rappelle les richesses forestières de la Tunisie. Le passé offre un trésor archéologique; l'exposition scolaire atteste les brillants progrès obtenus en si peu de temps et montre la civilisation française greffée sur celle de Carthage.

Entrons un moment au Palais central des colonies. Quel goût exquis dans l'arrangement intérieur! La pyramide des Bouddahs se dresse au milieu du vestibule. Dans les galeries supérieures autant de sections que de colonies différentes, Indes françaises, Guyane, Sénégal, Madagascar, la Réunion.

Et maintenant, passons à l'Indo-Chine. Le Palais du Tonkin est un mélange de chinois et d'indou; c'est dans la cour intérieure que trône le magnifique Bouddha d'Hanoï en bronze, portrait frappant d'un savant écrivain, souriant, débonnaire, sceptique, dans l'attitude familière d'une de ces causeries qui charment le monde lettré.

Les salles diverses, reliées par des galeries, les terrasses, les jardins regorgent de richesses artistiques et des produits du pays. L'architecture et le décor nous transportent dans ces régions qui nous ont coûté plus que de l'argent et du sang, tant de discussions injustes, passionnées, homicides, qui ont failli perdre la République! L'ignorance et la haine ont embrouillé cette question coloniale, question de vie pour la France quand l'Europe entière se partage les dernières dépouilles de l'Orient et le continent africain.

Le Palais de la Cochinchine reste un peu moins dans notre souvenir, bien que d'un très grand intérêt décoratif avec ses cours intérieures ornées de fontaines, de bassins, d'eaux jaillissantes, de plantes aquatiques. Les vases de porcelaine, les bronzes, laques, terres cuites, statues et statuettes, tout nous raconte l'Extrême Orient. Mais un monument inoubliable c'est la pagode d'Angkor-Wât. Voilà des formes nouvelles qu'on n'a vues nulle part ailleurs; ne dirait-on pas un colossal ananas en bronze, avec ses feuilles imbriquées les unes sur les autres?

Revenons sur nos pas, quittons cette antiquité symbolique, énigmatique, indéchiffrable. Le vertige nous saisirait à séjourner plus longtemps au milieu de ces mondes inconnus qui représentent des milliers de siècles, une éternité déjà vécue, civilisations disparues, peuples sans nom, engouffrés dans l'oubli. Ils ont possédé d'immenses richesses; en voici les débris, voici les épaves de leur industrie, de leurs arts, de leurs religions. Ont-ils été heureux? ont-ils connu la vraie lumière, la liberté, la dignité humaine? Non, ils n'y sont jamais arrivés.

En face de ces innombrables dieux de bronze, de pierre, je me fais la même question que tout à l'heure au Palais du Mexique. J'admirais les merveilleuses figurines en or, les poteries, les bijoux artistiques trouvés dans les tombeaux de peuples puissants, civilisés, qui ont régné avant la conquête. Des centaines de crânes rangés dans les vitrines au milieu de toutes ces richesses posent une redoutable énigme. J'ai cru comprendre le ricanement de ces têtes préhistoriques; elles semblent dire : « Nous avons possédé le plus beau pays de l'univers : nos montagnes hautes comme le ciel, couvertes de forêts dont chaque essence est de bois précieux, cachent des mines d'or, d'argent, de diamants, mines intarissables; nous y avons puisé pendant des milliers d'années, et elles sont toujours aussi riches; notre océan nous a fourni des perles innombrables pour orner la beauté de nos femmes; nous avons habité des palais de marbre, d'or et d'ivoire; chacun de nos dieux a été honoré, adoré dans un temple plus splendide que tous ceux qu'on élèvera aux dieux futurs; nous avons composé des hymnes, des poèmes où l'amour et la guerre, le ciel et la terre ont été chantés par des génies immortels, oubliés aujourd'hui; nous avons eu la puissance, le génie guerrier, artistique, industriel, une civilisation à son apogée, et pourtant nous n'avons pas vécu. Notre mémoire est effacée, notre passage sur la terre n'a laissé aucun bienfait. Pourquoi? Nous n'avons pas connu la liberté. La liberté seule mène à l'éternelle vérité. »

J'ai hâte de quitter ce vieil univers, cette civilisation en poussière. La vie nous attend aux Maisons ouvrières, à l'Hygiène, à l'Assistance publique. A la bonne heure! Voilà enfin la science mise au service de l'humanité souffrante, appliquée au bien-être physique et moral des masses.

La Société de participation, la Société Leclair, les Dispensaires, les Maisons ouvrières de Noisiel, d'Auteuil, de Rouen, d'Anvers, me montrent dans un prochain avenir la plus importante transformation de Paris. Les essais, les résultats obtenus seront généralisés au xxᵉ siècle. Voilà cette révolution économique dont le but est d'affranchir et de moraliser le grand nombre ; voilà une conquête pacifique digne du futur centenaire! La propreté, la salubrité introduites dans la demeure des pauvres achèveront ce que l'École a commencé, et assureront l'indépendance et la dignité humaine. Ah! que ces maisonnettes d'ouvriers m'ont fait plaisir! L'air, la lumière, le confort, tout est réuni dans ces habitations modèles qui peuvent devenir la propriété de l'artisan après vingt ans d'un modique loyer de trois cents francs.

En comparant les deux tableaux, Paris en 1789, et le Paris de 1889 (dans l'exposition de la Ville) on se demande : quels embellissements, quels perfectionnements peut-on rêver pour le Centenaire de 1989? — la transformation des demeures populaires. Toutes ces ruches malsaines encore debout dans nos rues, détruites, et remplacées par les maisons ouvrières de l'Exposition du Champ de Mars.

C'est avec une profonde gratitude envers le Conseil municipal que l'on constate, dans les salles de l'Assistance publique, tant d'ingénieuses inventions pour les soins à donner aux blessés, aux malades, les soulagements apportés à tous les genres de souffrances, aux aliénés, aux détenus, aux victimes de la guerre, aux aveugles, aux sourds-muets. A chacune de ces infirmités on a consacré une section à part où le génie scientifique a dépensé des trésors pour réparer le mal, rétablir les facultés, adoucir l'existence, développer l'organisme atrophié. Voilà, parmi les merveilles de l'Exposition, ce qu'il faut bénir, ce qui parle de progrès bien mieux que la Tour Eiffel.

En sortant du pavillon des Femmes de France, j'entre au palais de la Guerre. Nulle part la foule ne se presse en masses si compactes : c'est tout un peuple qui se rue vers les portes de la Guerre; on risque d'être écrasé entre ces batteries de canons et la muraille humaine mouvante, bruyante, qui ajoute à l'impression de ces engins formidables, muets, rangés dans les salles immenses. Certainement ce déploiement de force, cette puissance militaire représentent d'une façon majestueuse le génie guerrier de la France. Ce n'est pas tout cependant. On pense aussi à l'ennemi et on se dit : leurs canons, leurs mitrailleuses, leurs cuirassés, leurs torpilleurs, toutes leurs machines à destruction sont aussi perfectionnées, aussi homicides que les nôtres. De plus, ils ont une supériorité sur nous, l'union. La valeur française, le patriotisme français ont fait des prodiges de tout temps. Les Français sont maîtres dans l'art de la guerre, mais c'est par l'union qu'ils ont toujours remporté des triomphes. Sous la grande Révolution, la liberté enflammait le patriotisme et donnait la victoire (n'est-ce pas un sacrilège d'en faire honneur à la guillotine?). Sous le grand Napoléon, le génie du conquérant cimentait l'unité de la nation.

Les divisions de la démocratie cesseront le jour de la bataille! dit-on. « L'unité se fera en face de l'ennemi. »

Dangereuse maxime. Malheur à qui s'y fierait!

Pour défendre la Patrie, comme pour défendre la République, tous les Français doivent s'unir, se former en bataillon carré.

L'éducation patriotique, républicaine, de chaque soldat est aussi nécessaire que le fusil à tir rapide. Développez le côté moral de l'homme. Pas de politique, soit, mais avant tout le culte du drapeau, l'amour de la Patrie, le respect de la Loi; je dirai la religion de la Loi. Les ministères — aujourd'hui radical, demain modéré, — changent, mais au-dessus des partis, il y a LA LOI. C'est à elle qu'obéissent les chefs et les soldats; c'est elle qui empêche les volte-face, les coups d'État. Tant que la Loi n'a pas été régulièrement modifiée par des assemblées législatives régulières, la Loi est la suprême direction.

Telles sont les pensées qui m'ont préoccupée sur le seuil de ce majestueux palais de la Guerre; ces superbes frontons, ces portiques, ces halls immenses regorgent d'armes qui donnent l'idée d'une indestructible puissance militaire; mais l'union des Français peut seule nous donner la victoire.

XIII

L'AURÉOLE DE PARIS

Une auréole luit sur Paris; de quoi est-elle faite?
On respire un air saturé de gloire, mais ce rayonnement ne vient pas seulement du plus lointain
passé ou des hommes célèbres contemporains dont
les noms sont sur toutes les lèvres. Il y a aussi les
gloires et les talents oubliés; il y a tous ceux qu'on
ignore parce qu'on ne les voit plus et que leur
nom ne se trouve pas dans le journal. Et pourtant
ils existent, mais ils ont disparu de la scène.

Les illustrations ne sont pas uniquement dans
les corps constitués : Académie, Institut, Univer-
sité, Parlement, Barreau, École des Beaux-arts,
Salon annuel, dans la Presse, à l'Opéra, aux vingt
théâtres. Tous les savants, tous les écrivains n'ont

pas eu, comme M. Chevreul, une vieillesse féconde. De même pour les artistes, musiciens, peintres, statuaires; combien ne composent plus, ne peignent plus, ne sculptent plus! et cependant les uns et les autres vivent encore.

Et ces merveilleux comédiens, et ces virtuoses, ces cantatrices qui tenaient toute une salle haletante sous la magie de leur voix, de leur jeu, de leur génie, ils ne sont pas morts non plus. On est singulièrement touché quand on pense à cette élite de talents qui forme comme un double chœur invisible derrière cette vaste scène parisienne où ils ont tenu les premiers rôles et dont ils prolongent l'écho lointain de gloire par des vibrations sonores, imperceptibles.

On ne s'intéresse qu'aux noms perpétuellement en vedette aux vitrines des librairies, sur l'affiche, dans les journaux. Songeons parfois aux gloires éclipsées. Le Paris d'hier envoie aussi une étincelle, un rayon à cette auréole qui brille jour et nuit sur le Paris d'aujourd'hui.

En voyant de loin scintiller le dôme des Invalides on se dit qu'il suffirait à peine à abriter le Paris artistique, les vétérans de l'art retirés de la glorieuse lutte, les vétérans de la science et des lettres. Ils ont rempli le monde du bruit de leurs succès ; beaucoup d'entre eux, après tant d'ovations récoltées, révèlent dans leur modeste retraite d'autres mérites qu'on ne soupçonnait pas. Ils ne font plus partie de cette monnaie courante de célébrités en circulation qui représente la prospérité nationale ; mais ils sont toujours une partie intrinsèque de la richesse intellectuelle du pays. C'est ainsi que s'amasse ce capital énorme de gloire qui est une des plus grandes forces de la France.

C'est ainsi qu'au mois de mai, à l'ouverture du Salon, devant un nouveau tableau admirable de couleur ou de poésie, je revois sur la même cimaise le tableau aimé l'année précédente. Le souvenir n'est pas évanoui avec les neiges d'antan, et si je constate avec joie le nombre croissant de belles œuvres exposées au jour, je songe à celles qui sont rentrées dans la pénombre ; absentes, elles rayonnent toujours ici.

Je revois la *Mélodie irlandaise* d'Hébert, suivie du cortège de ses sœurs les *Muses* et *Sainte Agnès*. La *Madeleine* d'Henner est inséparable dans notre mémoire du *Sommeil de la jeune fille* et des *Nymphes* baignées dans la lumière. Une *Venise* de Rosier, entrevue par une nuit bleue d'Orient, évoque les autres nuits vénitiennes de ce paysagiste amoureux de l'Adriatique : un petit tableau entre autres où la reine des lagunes est vaguement indiquée dans la chaude brume par son campanile, par les fanaux des bateaux qui reviennent du Lido en projetant des lueurs de saphir et d'émeraude sur la mer doucement ondulée.

Quelle nuit splendide! L'air est une caresse; les mosaïques et les ors que le génie vénitien a déposés sur les murs de Saint-Marc et du Palais des Doges se reflètent dans les vagues, dans l'atmosphère sereine.

C'est sans doute par une loi de contraste que je songe à ces petits tableaux même devant l'immense toile de Renouf, le *Pont de Brooklyn*, qui mérite selon moi les honneurs du Salon de 1891. Le ciel de feu de Claude Lorrain colore les froides eaux; ce n'est pas la molle rêverie des lagunes d'Italie; tout ici est vie, mouvement; les vagues blanches bouillonnent, le bateau marche, la fumée tourbillonne, c'est une œuvre superbe.

Les poétiques clairières où l'on aimerait égarer ses pas me rappellent d'autres solitudes ombragées, entre toutes les *Hautes futaies* de Jules Dupré, ce maître vénéré.

Les *Marguerites* de cette année, d'Adrien Demont, me reportent en pensée vers un vallon inconnu; peut-être est-ce une plaine, car les ombres de la nuit enveloppent les collines à peine indiquées. Ni arbres, ni fleurs, pas de couleur, presque point de dessin; une magie de clair-obscur. Au milieu de cette solitude on discerne une fontaine de pierre; elle a la forme d'un tombeau; un filet d'eau s'en échappe. Et c'est tout. Mais le murmure de cette source, je l'entends encore; sa transparence, sa fraîcheur, sa poésie suprême, c'est le talent même du peintre. Il y a là une solennité auguste, un infini de sentiment. La rêverie s'engage dans cette longue route plongée dans le crépuscule. Où conduit-elle? Ce voyage est sans fin, mélancolique; mais la source, dans cette solitude, a désaltéré le pèlerin [1].

Donnons aussi un souvenir à la *Solitude*, de

1. Le tableau de M. Demont est aujourd'hui au Musée du Luxembourg.

Dana, *l'Océan pendant la nuit*. La mer houleuse se soulève en montagnes d'eau, une crête monte plus haut que l'autre, dans le sillon creusé par les vagues furieuses blanchit l'écume; on sent l'haleine des profondeurs. C'est l'immensité dans la nuit noire, mais la lune voilée de nuages envoie une clarté sur cette étendue incommensurable. Rien qu'une faible lueur projetée sur l'océan terrible, il reste une place à l'espérance. C'est la mer vue par une âme profonde, par un esprit pensif qui cherche des lueurs dans le ciel, quand tout est si triste sur l'onde amère. Cette lueur sublime rend la *Solitude* moins sombre. Quel silence, quelle majesté dans cette scène muette! Je la contemple encore [1].

Oui, il est doux, il est salutaire d'associer ainsi les admirations passées à celles du présent. C'est enrichir le grand art. En face des nouvelles œuvres, glorifiez encore leurs aînées; enlacez de vos mains fraternelles les mains de vos devanciers, comme le groupe des *Heures* qui entourent le char de la lumière.

---

1. Cette marine du peintre américain Dana a obtenu la grande médaille d'or.

Vivre à Paris, quel privilège! Celui qui l'apprécie à sa valeur est heureux même dans une mansarde. Souvent le travail, ou la fortune, ou la santé, ne permet aucune des jouissances incarnées dans ce nom, Paris, Paris, la fête continuelle. Mais on n'a pas besoin de la féerie étincelante des boulevards, des monuments publics, pour sentir qu'on vit au milieu d'une élite d'intelligences. Je pense à ces ouvriers de l'esprit, ignorés, modestes, qui chacun dans une branche quelconque du savoir humain, se rendent utiles, cherchent, perfectionnent, aident à découvrir, à dégager le grand inconnu. Entre eux et les célébrités, même différence qu'entre l'artisan et le patron enrichi, arrivé au faîte.

On ne parle que des romanciers, ils absorbent l'attention; mais dans la littérature sérieuse, dans la science, dans l'histoire de l'art, que de recherches ingénieuses ou savantes! En linguistique, en histoire, en philosophie, en botanique, en géologie, que de travaux importants, tous inspirés par la même ambition : trouver le vrai.

Inutile de rappeler la poésie : elle a des ailes, et s'élève aérienne au-dessus de la foule. Les vers les plus légers sont aussitôt connus, aimés, et il faut avouer qu'il y en a de charmants et dont on aurait peine à nommer les auteurs. Ces érudits, ces poètes sont là, dans ce grand Paris.

N'oublions pas les électriciens en train de transformer le globe.

C'est cette masse innombrable de chercheurs, de préparateurs, c'est ce génie anonyme de Paris qui nous touche et nous fait sentir ici le bienfait, la douceur de la civilisation.

L'action lente qui forme le banc de corail, l'activité incessante de la ruche, voilà l'image de ce travail intellectuel, invisible, toujours en progrès, poursuivi dans la sphère de l'esprit, pendant que l'ouvrier et la machine fabriquent et créent les merveilles de l'industrie.

La population parisienne est toute partagée entre le travail intellectuel et le travail manuel. Les oisifs sont cosmopolites. Ici tout le monde travaille. C'est là ce qui fait la grande noblesse de Paris.

Eh bien, il y a mieux encore! Et c'est une grande sécurité de savoir qu'il existe tant de nobles individualités. Il y a mieux que des hommes célèbres! On trouve des esprits ouverts, des cœurs droits chez les plus humbles. C'est par eux que le monde moral se perpétue dans une nation.

En lisant les journaux on oublie trop souvent ceci : la politique ne met en évidence que les voix éloquentes ou les cerveaux en ébullition. Ce n'est pas tout le grand public, le cœur du pays, la moelle de la France. Aussi quelle joie vous éprouvez en découvrant des natures d'élite chez des inconnus ! Une conversation a suffi pour vous apprendre que vous êtes en présence d'un ami ignoré. Un nom patriotique a été prononcé; aussitôt il a fait vibrer chez cet étranger de nobles sympathies. Vous ne le reverrez peut-être jamais, mais vous savez que ces types de bons citoyens, ces coreligionnaires sont cachés dans la foule. Que de fois, dans les grands magasins ou chez de simples ouvriers on rencontre ce culte pour tout apostolat de lumière et de liberté ! Alors on se dit avec fierté : Nos Français seuls sont doués de cette généreuse spontanéité de sentiments et de cette grâce à les exprimer.

XIV

LE SALON ANNUEL

Souvenez-vous! Ces mots résument mainte page de mon livre; je les inscris en tête de ce chapitre, dans notre temps si oublieux. Il faut réagir contre le tourbillon vertigineux de la vie de Paris. Cette course effrénée, effrayante, emporte et disperse notre existence. Revenons sur nos pas, donnons encore une pensée à ce que nous avons admiré.

Comment faire revivre le souvenir du Salon annuel? Quinze jours après la fermeture personne n'y songe plus. De ces milliers de tableaux, si vite dispersés aux quatre vents, ne garderai-je rien dans ma mémoire? Ces paysages vraiment délicieux, qui m'ont charmée, qui m'ont tenu lieu de promenades à la campagne, je veux les réunir en un seul;

la vaste nature les contient tous. Ce sera une symphonie en peinture.

Les réminiscences pittoresques des paysagistes, maîtres illustres ou artistes d'avenir, toutes ces harmonies de couleur chantent en nous, aussi bien que les mélodies d'un concert. Quelle douceur de les entendre encore longtemps après que la voix est muette et l'image envolée!

Malades, ou tristes, au coin du feu, à l'heure de l'insomnie, ces visions de peinture sont bienfaisantes comme de beaux chants.

Réfugions-nous dans les sentiers que tant d'artistes aimés nous ont appris; ils mènent au *Val moussu*, aux *Chênes* de Pointelin, vers les *Moissons* de Quignon, dans les *Bois des Rossignols* de Dardoize. J'écoute la *Symphonie matinale* de Hareux et mieux encore son *Effet du soir*.

Zuber aussi me révèle la poésie de la brume.

La forêt de Fontainebleau, que je connais si peu, je l'explore en tout sens avec ces guides. Richet me montre le *Dormoir de Moret*, Jacomin, les coins les plus verts, les plus embroussaillés. Les *Brûleuses d'herbe* d'Adan me font respirer cet air agreste des champs et des bois quand la fumée des feuilles mortes se mêle aux fraîches haleines des plantes et des fleurs. Je m'arrête devant un charmant *Ruisseau* d'Auguin. Defaux nous mène aux bords de la Marne, Flahaut aux bords du Loing, Desbrosses dans les vallées des Vosges. Je revois, non sans mélancolie, *l'Automne en Dauphiné* avec Bertier. J'entends l'adieu muet de la pauvre paysanne au fils qui s'éloigne; je suis son regard dans le *Départ* de Demont. Harpignies fait rêver devant son *Effet de soleil* et un *Effet de crépuscule*, mais c'est la *Matinée brumeuse* de Français qui a les honneurs du Salon de 1890.

Si je remonte aux souvenirs de l'année qui a précédé, je revois d'autres sites; l'un, très simple, le *Ruisseau dans l'Allier* de Benouville : la source est ombragée, entourée de vertes collines, une vache descend à travers les hautes herbes, et une autre encore, dont on n'aperçoit que la tête; leur gardienne les suit. Le *petit port d'Ivoire* m'épargne un voyage en Savoie; cette eau si claire, ce rivage paisible où deux cygnes vont aborder, je les retrouve plus loin avec le *Calme plat* du même peintre, Appian.

Devant *la Plage* d'Auguin je jouis du silence solennel, en face de la mer, la vaste mer.

La plaine aussi peut donner l'idée de l'infini et c'est ce qu'à tenté Binet dans sa *Plaine de Saint-Aubin* : à peine une courbe légère dans les lignes unies de terrain, un sentier interminable serpente et se perd dans l'immense étendue ; la mer est au bout, elle ne se distingue presque pas de cette terre dépouillée des grâces de la végétation. Ce paysage parle à l'âme par la grande harmonie qui relie la plaine et le ciel où flottent des nuages légers.

Mais j'aime mieux les vertes solitudes de Fortier, et les fouillis de verdure de Jacomin. Quelle fraîcheur dans cette masse de fougères et de bruyères lilas qui recouvre la cabane comme une marée montante! le toit de chaume se confond avec l'opulente végétation.

En avançant, que vois-je? une jeune fille dans l'herbe, étendue; la *Chanson des Bois* est sur ses lèvres et dans ses yeux. Cette enfant est un charme d'innocence, de naturel; paysanne et non demoiselle; son bois mort ramassé, son fagot achevé, elle s'est jetée joyeusement sur l'herbe, elle chante;

une brindille est dans sa main entr'ouverte. C'est
d'un mouvement simple et charmant; madame Com-
mérre l'a admirablement rendu.

Continuons à travers ces bois de Landelle; j'aime
tant la forêt!

Voici, dans une clairière, une hutte de bûcheron, de Desmarquais. Plus loin un terrain cultivé :
c'est le *Jardin du paysan* de Demont. Ne criti-
quons pas la raideur de la fleur jaune; le tournesol
est la fleur du villageois, aimez-vous mieux la
monacale tournure des ifs et du buis, taillés,
façonnés par l'art des jardiniers à la mode de Versailles? Comme pour jeter une note poétique sur
la vulgaire plantation de choux, il y a là tout un
carré de fleurs rosées, la fleur des pois idéalisée
par Balzac; le brave paysan arrive avec son arrosoir
et leur donne à boire.

Pressons le pas, car déjà vient le crépuscule.
Un spectacle superbe nous attend au sommet de la
colline, au moment où le soleil va plonger dans
l'horizon pourpre. Cette *Ondée au Crépuscule*
vous arrête par la magie de sa couleur.

Le paysage de Karl Daubigny me touche avant
même d'apprendre que l'artiste est mort la veille

du jour où son tableau a été exposé. Ce rayon de soleil qui fait étinceler la vitre de la chaumière et colore en rouge l'eau et le ciel, c'est le dernier rayon de l'artiste. Il ne verra pas le lever de la lune; elle monte lentement à l'horizon encore empourpré.

Est-ce un promontoire du lac Léman vu de Glion que Jappy a reproduit? Sur une rive escarpée, à l'ombre d'un grand arbre, il a allumé un beau feu, et pendant que le troupeau broute, le berger regarde ces lointains très doux. Le berger suisse a le sentiment vif et inconscient de la poésie alpestre.

Rien de plus audacieux, de plus chimérique que de s'attaquer aux géants des Alpes et de vouloir reproduire ces paysages de glace, la *Jungfrau*, par exemple. On n'obtient qu'une symphonie de blanc et de gris, étouffée sourdement dans la brume. Un paysage de Hugard a rendu pourtant l'effet de coloration sur les montagnes neigeuses; les collines rosées du premier plan, les fraîches sources, la belle verdure forment un ensemble délicieux aux yeux de ceux qui aiment la Suisse; et qui ne l'aime-rait? Du moins, je ne rencontre pas sur ces hauteurs la figure effrontée de la *Dame au Masque* de Gervex.

Après la Suisse, l'Italie. Hector Leroux ajoute encore à la poésie de ses paysages en y plaçant une figure méditative, une âme qui sent la beauté des choses voilées. Le Vésuve est au fond du golfe. L'atmosphère vaporeuse prête un charme de mystère à ce rivage harmonieux; le ciel et l'eau, tout est doucement éclairé. Une noble figure rêveuse, en costume antique, prolonge sa veillée sur la terrasse.

Dans un second tableau on voit cette même femme dans une barque avec d'autres bienheureux qui adorent l'Italie. Une étoile scintille au-dessus du golfe d'azur. Tout cela est si profond, si doux qu'on finit par avoir l'illusion de cette soirée poétique et paisible.

Dans *Amata*, le tableau de 1891, Hector Leroux évoque encore cette figure antique prosternée devant l'autel avec un mouvement passionné de suppliante.

Chaque année je cherche les tableaux du vieux Cabat, un maître, un initiateur de 1830, complètement oublié aujourd'hui. Il affectionne les larges montées raboteuses; de loin je devine plutôt que je ne le vois ce chemin *à la Cabat*, exactement

le même dans chacun de ses précédents paysages.
La *Maison à Bercenenay en Othe* est peut-être
son berceau. Est-ce là qu'il a vécu et qu'il va mourir? Ces ombrages peints avec tant d'amour l'ont
abrité, je les salue, je m'incline devant l'artiste et
le vieillard.

Les tableaux militaires sont avec le paysage la
gloire du Salon.

Tous les tableaux de Detaille, de Neuville, de
Protais, autant de pages d'histoire et de leçons de
patriotisme, *En avant!* de Moreau de Tours
m'arrache des larmes. Dans cette même salle, il y a
quelques années, *la Mort de la Tour d'Auvergne*
disait éloquemment : « Il y a plus d'une manière
de *mourir au champ d'honneur.* »

Mais la plus éloquente de ces œuvres héroïques,
ce n'est pas le *Rêve* de Detaille, c'est le *Bataillon
carré* de Protais (j'ai pour moi l'assentiment d'un
grand artiste, Aimé Millet) : La plaine de Waterloo
est jonchée de cadavres, le champ de bataille a
été entièrement fauché par la mort. Pas une seule
figure n'est restée debout. La lune funèbre n'éclaire
pas un seul survivant.

Quel épilogue de ce drame séculaire! Je ne connais rien de plus saisissant; aucune page sur la campagne de 1815 ne vaut celle-là. Voilà le Vrai dans la peinture.

Les termes d'atelier, le jargon spécial de la peinture me sont absolument étrangers; le sujet d'un tableau, la pensée inspiratrice dominent tout pour moi. Si la correction du dessin, si l'harmonie de la couleur se joignent à l'idée, au sentiment exprimés naturellement, je ne demande rien de plus. Un petit tableau de Boutet de Monvel réunit tout cela : *la Maison abandonnée*. Quelle poésie dans l'ordonnance, quelle éloquente simplicité dans les détails! Une végétation touffue envahit l'escalier où des êtres jadis heureux ne mettront plus l'empreinte de leurs pieds; la fraîche verdure des fleurs et le feuillage du jasmin qui grimpe contre le mur ont gardé leur joie; une petite rose blottie contre le vitrage regarde curieuse, attristée, par la fenêtre, dans l'intérieur vide à jamais. Le vent a renversé et cassé les vases de fleurs, la main aimée ne les relèvera plus. Et sur le palier, derrière le rideau de verdure formé par des branches éplorées, on entrevoit une silhouette noire, l'ombre d'un être autrefois en pleine félicité et qui gémit sur ce seuil abandonné.

Dans ce tableau j'ai cru revoir une maison de campagne à Amphion, qu'habitaient, en 1858, deux proscrits, visitée vingt ans après par la pauvre survivante....

Le dessin m'apparaît comme l'art vrai par excellence. Avant toute écriture c'est par là que les peuples ont commencé, pour exprimer *ce qui est*.

Heureux celui qui sait dessiner! Il se suffit à lui-même, il n'a pas même besoin de public. Supprimé l'imprimeur! Supprimé l'éditeur! Que d'obstacles pour un écrivain avant que de pouvoir produire au jour une idée juste et belle! Même pour faire partager une simple émotion causée par le spectacle grandiose ou charmant de la nature. Que d'études préparatoires, que d'essais informes avant de savoir manier la langue descriptive.

Il en est tout autrement de l'art du dessin. Pour peu qu'on ait des dispositions naturelles, vous voilà maître de l'objet que vous voulez décrire. Une feuille de papier, un crayon, et cet arbre, cette fleur, les traits d'un visage chéri vous appartiennent à jamais. Vous faites un don immédiatement compris, apprécié. Quand j'aurais noirci 350 feuillets je n'atteindrais pas au résultat d'une simple aquarelle.

Où me mène cette digression? Je conclus, il ne faut pas négliger le dessin. Une autre raison pour l'apprendre, je l'ai déjà dit, c'est l'éducation de l'œil : On apprend à voir. Nous avons beau regarder, nous n'apercevons du premier coup qu'une faible partie des choses. En Italie, avant de franchir le seuil du Vatican, du palais Pitti, je me sentais indigne de contempler les chefs-d'œuvre. Je savais bien que mon âme éperdue d'admiration éprouverait un bonheur analogue à celui que me donnent les concerts du Conservatoire, mais j'étais certaine de n'apercevoir que la centième partie d'une toile. Mon œil n'a jamais appris à voir. Je saisis l'âme d'un tableau, je respire la fleur divine, je n'en connais ni la structure, ni les vertus essentielles. Heureux les enfants que leurs parents conduisent le dimanche à l'École des beaux-arts et au Louvre! Mais qu'ils ne regardent pas trop de chefs-d'œuvre à la fois, les couleurs se confondraient en une seule, le noir.

XV

LES IMMORTELS DANS L'ART

Ce mot, le *Vrai* dans la peinture, est-il applicable au grand Art? Oui, s'il s'agit de ces vérités supérieures entrevues par les Immortels. Aujourd'hui le *Vrai* dans la peinture concerne strictement ce qui est réel.

La différence entre les peintres modernes les plus célèbres et les maîtres d'autrefois n'est pas seulement sensible dans l'exécution plus ou moins parfaite, mais dans la différence du réel à l'idéal. Les plus beaux tableaux de l'École moderne nous laissent le sentiment des temps présents, de la vie actuelle, de la terre que nous habitons, des horizons connus, des figures, des paysages aimés.

Les Immortels, au contraire, nous enlèvent instantanément à ce globe; ils nous transportent dans des sphères supérieures; ils nous révèlent une création transfigurée, une humanité divinisée. Ils nous font pénétrer dans les régions les plus hautes du ciel de l'art, là où trône l'Idéal.

N'est-ce pas l'étrange illusion qu'on éprouve au salon carré du Louvre, à Florence dans la Tribune, à Rome dans la Chapelle Sixtine et dans les *Loggia*?

Pour les Immortels de la peinture et de la statuaire, la Bible, l'Évangile, le Paganisme, ne sont que des sujets imposés par la tradition, des prétextes pour rendre visible une création nouvelle révélée à leur génie.

En lisant l'histoire de la peinture on a cette même illusion : il semble qu'on étudie une humanité supérieure; c'est comme s'il nous était donné d'apprendre quelque chose sur la vie et les mœurs des êtres qui peuplent des astres plus fortunés, et que nous aimons nous figurer des êtres accomplis.

Ainsi chez Raphaël : L'idéal de beauté qu'il a entrevu prenait chez lui des formes si différentes, si variées d'expression, de nature, de caractères si divers, qu'on pourrait établir toute une classification divine dans le cortège des Madones raphaëliques. Chacune de ces créatures célestes évoquées par l'Ange de la peinture nous semble la plus belle. Faire l'histoire morale de chacune d'elles, décrire dans une galerie de portraits ces types féminins de sainteté et de beauté, quelle entreprise pour un moraliste! Il y faudrait la pureté de cœur et la poésie suprême de Raphaël.

Ainsi, pour ne rappeler que trois ou quatre de ses plus célèbres Vierges : la *Madonna della Sedia* est d'un caractère absolument opposé à la *Madonna del Sisto*; la *Madone de Foligno* diffère de la Madone du grand duc autant que nos Madones du Louvre, par exemple la *Sainte-Famille* dite de François Ier et la *Belle Jardinière*, diffèrent entre elles. Que la gravure est impuissante à donner une idée de cette *Vierge à la Chaise* que j'ai vue à la *Tribune* de Florence! On a dit avec raison : c'est une Vénus chrétienne, plus belle que la Vénus de Milo. Raphaël seul pouvait concevoir cet idéal de beauté. Quelle expression, quel coloris! Son costume, une draperie bleue, une écharpe de paysanne, brodée, bariolée ; une sorte de turban blanc et jaune laisse à découvert les cheveux, les oreilles, un cou de neige. Une carnation délicate, des yeux divins, le regard perdu dans le lointain, l'arc du sourcil, la bouche, le nez d'une exquise finesse, les joues rosées, l'expression rêveuse. L'enfant se serre contre sa poitrine. Oh! cette Madone de la Sedia, on a raison de la placer au premier rang. Elle n'a qu'une rivale sur la terre et c'est la *Madone de Saint Sixte* de la Galerie de Dresde : Un air rustique, un peu sauvage, de grands yeux étonnés qui semblent ignorer la terre, une inexpérience égale à celle de l'enfant ébouriffé qu'elle tient dans ses bras et qui lui ressemble trait pour trait, voilà cette *Madone* del Sisto.

Au palais Pitti, en passant de la *Salle de Mars* à la salle de l'*Éducation de Jupiter*, quand je vis la *Madone du grand duc* je répétai : Raphaël s'est surpassé dans ce tableau! L'innocence et la fraîcheur de cette jeune fille sont absolument divines. Par quel miracle le pinceau peut-il exprimer cette suavité, cette candeur? Ici encore Marie a l'air plus inexpérimentée que l'enfant Jésus. Ses yeux sont baissés, sa bouche est une fleur, ses cheveux blonds retombent sans art, sans coquetterie. Le visage est rond; un léger voile, très transparent, recouvre la moitié du front; un autre voile bleuâtre se perd dans l'ample manteau bleu; la robe rouge est brodée de noir. Une main, délicieuse de forme, soutient légèrement l'enfant. Ce calme, cette pureté céleste, vous émeuvent profondément.

Je me demandais à Florence : « Cette vision idéale peut-elle être égalée? » Eh bien! la *Vierge de Foligno* l'emporte peut-être. Dans tous les cas, Rome possède une Madone aussi précieuse que celle de la Tribune de Florence. La *Vierge de Foligno* est une beauté classique avec une expression moderne. C'est un type absolument différent. Elle trône dans les nuages, sa robe est de carmin, les draperies bleues. Ses cheveux sont blonds, sa figure suave n'a rien de terrestre. L'enfant Jésus est très beau. Très beau aussi le petit ange debout entre saint Jean Baptiste et un prince de l'Église agenouillé qui ressemble à Savonarole. Le paysage est très doux : des fougères au premier plan; au fond la ville de Foligno, église et maisons blanches ; montagnes, bois, verdure, lointains bleuâtres. Les nuages et la Madone reposent sur un arc de lumière. Tout le haut du ciel est peuplé de têtes d'anges, couleur des nuées; on les prendrait pour ces formes fantastiques créés par les nuages.

Raphaël n'est-il pas un rival de l'Esprit créateur? Il a perfectionné la forme humaine jusqu'à la diviniser. Voyez non seulement ses madones, mais ses anges, ses innombrables légions d'enfants célestes! Où en a-t-il pris le modèle? Quelle différence avec les Amours d'Albane!

Qu'est-ce qu'un ange? Regardez les deux têtes enfantines du premier plan de la glorieuse *Madone del Sisto* [1], toutes deux pensives : l'un de ces enfants sera un grand philosophe, l'autre est marqué du sceau divin de la poésie. Et cependant ils gardent l'ignorance sainte, l'insouciance de leur âge.

Et si l'on entreprenait de décrire chacune des physionomies enfantines de ces anges qui portent le Créateur drapé de sa robe d'azur, planant dans les fresques du Vatican! quelle étude psychologique à l'usage des bébés! Contemplez ces adorables créatures, avec leurs ailes et leur vol gracieux, dans la plupart des tableaux de Raphaël! Dans sa célèbre fresque des Sibylles, à l'église Santa-Maria della Pace à Rome, ces charmants

—————

1. Je ne la connais que par la photographie de Braun.

êtres aériens voltigent resserrés en un étroit espace, avec des attitudes si délicieuses! les uns repliés comme des lianes, ou comme des fleurs penchées, d'autres, en raccourcis hardis, semblent se précipiter sur vous; tous souriants, heureux, divins, et pourtant, tous avec l'expression enfantine naturelle, au milieu de ce surnaturel.

Quand on est longtemps en contemplation devant ces chœurs célestes d'anges, devant ces têtes rayonnantes de joie et de candeur, il semble que des chants suaves s'exhalent de ces lèvres; on entend des cantiques, des alleluia! Palestrina et Pergolèse ont dû s'inspirer devant les fresques de Raphaël.

Si chacune de ces figures de Raphaël garde son individualité propre, c'est qu'il ne peignait pas pour immortaliser la beauté d'une Transtéverine ou d'une grande dame, comme Léonard de Vinci. Il rendait visible sur la toile ses visions intérieures, ce qu'il appelait *una certa idea*, et ses visions étaient innombrables.

J'ai nommé Léonard de Vinci. Edgar Quinet a fait un commentaire de la *Cène* [1], je n'y reviendrai

---

1. Voyez l'*Esprit nouveau*, p. 49-50; voy. aussi dans les *Révolutions d'Italie* les chapitres sur Raphaël et Michel-Ange.

pas. Ses tableaux sont si rares qu'is en deviennent d'autant plus précieux. Quel malheur! plusieurs de ses chefs-d'œuvre sont totalement détruits. Très difficile pour lui-même, il hésitait à livrer ses œuvres; elles ne lui semblaient jamais assez achevées; son génie multiple le portait à embrasser tant de sciences à la fois que la peinture ne l'absorbait pas uniquement. L'inventeur, le savant empiétait sur le travail de l'artiste. Léonard est, comme Raphaël, la personnification de la beauté, de la grâce, avec une séduction mystérieuse en plus, et l'ingénuité en moins. Il y a entre leurs âmes toute la différence de la *Joconde* à la *Belle Jardinière*. Dans la salle de Jupiter, à Florence, j'ai vu, avec surprise, un superbe portrait de femme de Léonard, digne de faire pendant à sa *Monna Lisa*; moins énigmatique, presque aussi belle, à coup sûr d'un meilleur caractère, bonne, très bonne, on pourrait s'y fier davantage. Vêtue d'une robe de velours noir, très décolletée, sous l'étroite épaulette une chemisette blanche, sur des cheveux châtains un voile blanc. Son nez est un peu long, l'arc du sourcil d'une grande finesse, une extrême suavité sur toute la figure. Elle tient un livre dans sa main chargée de riches bagues. Même paysage que dans la *Joconde*; tout au fond on aperçoit une petite ferme, des jardins, des lointains bleuâtres,

Raphaël meurt à trente-sept ans, et la plus longue vie ne fournirait pas une œuvre comparable à la sienne. Michel-Ange est le plus grand des génies, Raphaël est une créature surhumaine. Aucun immortel ne peut fraterniser avec lui. Il trône à part. Il est la sainteté dans l'art, la pureté céleste, il sanctifie les passions terrestres. N'est-ce pas là le surnaturel?

C'est en face de la *Transfiguration* qu'on se fait ces questions, et qu'on cherche les analogies, les différences entre Raphaël et Michel-Ange. Celui-ci, le Titan; l'autre, un Archange. Oui, vraiment, il plane au-dessus de l'humanité. Plus on contemple ce drame en trois actes, le tableau de la *Transfiguration*, plus il s'éclaire. La lumière du Thabor devient graduellement si intense qu'on éprouve le même éblouissement que les personnages du premier plan. Cette lumière émerge autour du Christ, scintille de plus en plus; les nuages bleuâtres deviennent blancs, puis dorés;

le Christ rayonne, c'est comme une lueur d'in-
cendie. Mais la différence du feu et de la lumière
éclate ici. Quel poème! Il faut l'étudier en détails,
puis le reprendre dans l'ensemble.

Les immortels de la peinture et de la statuaire,
les Raphaël, les Léonard, les Michel-Ange, sont
comme une vivante synthèse de toutes les facultés
humaines, et je dirais de toutes les vertus. Ils ont
eu en eux-mêmes la vision de la Beauté, ils l'ont
réalisée dans des œuvres, gloires de la création. Ils
ont eu l'intuition de la Vérité, ils l'ont possédée.
Mieux encore, ils ont créé des vérités supérieures
par le droit de la poésie. La poésie élargit l'univers moral et l'horizon de la pensée, elle prépare l'avènement de vérités nouvelles. Le grand
art en peinture, en sculpture, ennoblit la forme
humaine et crée des types supérieurs à la plus belle
réalité. Un Raphaël, un Léonard, un Michel-Ange
est à la fois l'incarnation de la poésie, de la science,
et de la prophétie.

Sans nous égarer dans des dissertations philosophiques, sans espérer pénétrer le mystère des
âmes, il est certain que, dans la hiérarchie des

intelligences, l'homme de génie est aussi éloigné de l'homme de talent que l'adolescent de l'enfant nouveau-né. Le génie d'un de ces immortels fait plus dans l'œuvre de la création intellectuelle que le travail accumulé de vingt siècles. Que dis-je? les myriades d'années où s'écoule l'histoire des peuples d'Orient renferment-elles la valeur d'une journée dépensée par un Michel-Ange?

Michel-Ange est véritablement le prophète et le législateur du monde moderne de l'Art.

Ah! ce *Moïse!* C'est la plus forte impression que j'ai reçue à Rome.

Quand je me sentais anéantie, écrasée par les sublimités du Vatican, à la Chapelle Sixtine, aux Loggia, j'allais passer quelques heures à Saint-Pierre-aux-Liens. J'étais seule dans l'église, adossée à un pilier, en face de la statue. Quelques touristes entraient, regardaient rapidement, disparaissaient et me rendaient le silence, la solitude. Le soleil couchant éclairait *Moïse*, dorait la lourde draperie et faisait ressortir la finesse de tissu de la tunique. Ses bras sont nus, le pied gauche ne pose à terre que par l'orteil. Moïse est assis, mais il va se dresser debout et terrible. De la main droite il s'appuie sur le livre de la Loi, cette pierre angulaire de la société chrétienne.

Comment résumer l'expression de ce visage à la fois austère et clément? Michel-Ange en a fait un type de l'humanité et un symbole philosophique.

C'est bien le Législateur, le Réformateur qui a arraché un peuple servile et frivole à l'esclavage et à l'idolâtrie. Il a brisé ses faux dieux, il l'a châtié par le désert; précédé par la colonne de feu il a employé tour à tour la terreur, le mystère, le surnaturel, pour transformer ce peuple égaré, aveuglé, pour le préparer à recevoir les tables de la Loi. Il a frappé le rocher stérile et en a fait jaillir des sources vives; il a désaltéré son peuple, il l'a nourri dans le désert, enfin il l'a rendu digne d'entendre et de comprendre la voix divine. Pourtant il ne se fie pas entièrement. Il regarde au loin, il sonde les profondeurs de l'avenir. Avec une sorte d'orgueil et de tristesse il dit à cette pauvre humanité : « Voilà ce que j'ai fait pour toi! Je t'ai sauvée et tu te perdras encore. Ma mémoire seule traversera les âges. Le peuple de Dieu est destiné à disparaître. »

Je ne crois pas que Michel-Ange ait voulu faire le portrait du grand réformateur Savonarole.

Ce Moïse dont le regard est un défi, c'est bien Michel-Ange lui-même. C'est son expression de fierté sauvage, ses yeux pénétrants, son front. Une pensée unique, mais vaste comme le monde, habite ce front peu élevé cependant; ce n'est pas la coupole du génie moderne. Une barbe démesurée, ruisselante comme un fleuve, recouvre sa poitrine, ses bras, signifiant une vie séculaire. L'emblème hébraïque, assyrien, les cornes de bouc, rappelle la force virile éternelle. Moïse, symbole de l'humanité, n'est ni jeune ni vieux; il ne meurt jamais. Ses cheveux bouclés ajoutent quelque chose d'humain et comme une ébauche de douceur à cette figure à la fois terrible, majestueuse, éloquente, qui vous domine et vous attire, et surtout vous frappe de respect. Ce Moïse est l'image visible de l'esprit qui a dicté la loi dans le buisson ardent.

Le crépuscule envahit l'église, le dernier rayon de soleil disparaît de la cime de l'arbre sacré; je dis adieu au beau palmier qui veille sur Moïse tout près du seuil de Saint-Pierre-aux-Liens.

Le lendemain j'essayai d'affronter l'autre œuvre surhumaine de Michel-Ange.

Deux coups frappés discrètement à la porte de la Chapelle Sixtine, et me voilà devant le *Jugement dernier*. D'abord je ne vis rien, aveuglée par des larmes sacrées; mais il suffit d'être là, entouré de ces créations immortelles pour sentir un accroissement d'intelligence, une sanctification du cœur.

Ce *Jugement dernier* de Michel-Ange, auquel on ne comprend rien par la gravure, s'éclaire ici. Deux couleurs seulement, le fond bleu du ciel et les chairs nues. Pour les artistes ces torses, ces bras, ces jambes de damnés et de démons entrelacés sont une étude d'anatomie. Il y a bien autre chose! Tout est dominé par le Christ, le héros en colère. Non pas la colère d'Achille, mais du juste indigné. D'un geste de Jupiter tonnant il foudroie les traîtres.

Il faut avoir vécu auprès d'un grand homme de bien pour comprendre les saintes indignations d'un cœur plein de mansuétude. L'expression si belle de Jésus courroucé qui repousse la tourbe des hypocrites, des lâches et des avares, sa divine fureur contraste avec l'attitude des élus, des bienheureux.

Ceux-ci n'ont plus leur expression radieuse de béatitude, mais une profonde commisération se peint sur leurs célestes visages. Cette divine compassion est éloquemment résumée par une ravissante figure de jeune fille qui se jette à genoux pour ne pas voir la douleur des maudits, l'effroi, le désespoir des réprouvés.

Toute la partie inférieure du tableau, c'est le poème de Dante.

Que ne puis-je m'attarder ici devant les fresques où éclate toute la grandeur biblique! Le Créateur évoquant les êtres, Dieu planant sur les eaux, vision sublime de l'esprit incréé! Michel-Ange y a rendu visible l'âme de l'univers. Et ses prophètes! C'est dans Jérémie que Michel-Ange a mis le plus de lui-même. Il médite, il lit dans le passé, dans l'avenir. Comme il pense avec amour, avec douleur, à son peuple, à tout ce qu'il faudrait pour le sauver! et à l'impossibilité du salut; car le peuple est sourd, sa chute certaine, le prophète l'entrevoit. L'âme patriotique du géant de l'Art éclate dans cette figure. L'amour de la justice l'inspirait avant tout. De religion nulle trace; c'est l'œuvre du moraliste, du philosophe et du grand Italien quand la patrie se meurt.

C'est pourtant à la Chapelle Sixtine qu'on sent une certaine parenté entre Michel-Ange et Raphaël, malgré la différence qui les sépare, différence aussi profonde que celle de la Bible et de l'Évangile.

Raphaël est le fondateur de la dernière religion ; il a écrit l'Évangile de l'Art, il a créé le type du nouvel Adam, Jésus, le type de la femme divine, Marie. Tous les grands artistes italiens, tout le cortège des immortels, Giotto, Fiesole, Masaccio, Fra Bartolemeo, Andrea del Sarto, Garofolo, le divin Corrège, le Titien (je ne nomme que mes préférés), tous ceux qui ont consacré leur génie à célébrer un acte de la vie de Jésus, ou qui nous montrent la Sainte Famille, variée à l'infini, seule, ou encadrée de saints, de pères de l'Église, tous ont été des évangélistes.

Raphaël a peint ses divines figures avec la pure lumière du Thabor, Michel-Ange a reçu la révélation au milieu des éclats de tonnerre de l'Horeb et par la voix du buisson ardent.

Les statues des immortels, voilà ce qui nous reste des religions antiques. Les Phidias, les Praxitèle sont aussi les évangélistes des religions disparues. Peut-être ainsi les croyances chrétiennes ne survivront-elles que par les *Pieta* en marbre, les Vierges glorieuses, les Madones. On sera porté à croire un jour que le véritable fondateur du culte chrétien, le saint Paul de son temps, c'était le divin Sanzio d'Urbino.

Quand on sort de ces sanctuaires de l'Art, les yeux éblouis par tant de splendeurs, le cœur bouleversé par tant de sublimités, on est étonné de la confiance audacieuse de ces légions d'artistes qui osent depuis trois siècles marcher sur les traces de leurs devanciers immortels. Et comme j'exprimais un jour cette pensée à celui qui unissait à une modestie exquise l'ambition la plus sacrée, il répondit : « Fort heureusement! car la création n'est pas arrêtée, et le génie humain est inépuisable. »

XVI

LA PAIX

Heureuses les âmes accessibles aux sublimes consolations du grand Art! Plus heureux un esprit qui trouve en lui-même le réconfort et qui ne dépend ni des splendeurs visibles du génie humain, ni des saisons! L'hiver et l'isolement reviennent, et le solitaire se retrouve en face de ses graves pensées. Il y a des tristesses sacrées dont on ne peut pas, dont on ne veut pas guérir, des iniquités qu'on n'acceptera jamais. Il faut en triompher, et ramener la justice sainte. Qui se résignerait à l'abandon définitif de nos chères provinces perdues? Et qui prendrait son parti en voyant repoussées dans l'ombre les gloires les plus pures de la France? N'est-ce pas aussi mutiler la Patrie?

20.

Quel sera le recours suprême du malheureux, tout près de s'affaisser sous le poids des difficultés, plus lourdes pour celui qui est seul à les porter dans un monde indifférent, où personne ne lui tend la main?

Le chrétien regarde le ciel; il a renoncé à la lutte ici-bas; il compte sur la justice d'en-haut, sur les compensations dans une autre vie.

Mais toi, tu n'entends pas abdiquer ton rôle sur la terre. Modeste ou glorieuse, il faut que l'homme accomplisse sa destinée.

Aussi la lutte est rude, incessante. Pas une minute de trêve. Tout est obstacle; les barricades semées sur la route, il faut les enlever, l'une après l'autre, avec l'unique satisfaction de se dire, en s'essuyant le front : « Encore une de moins! »

Personne ne prend garde à son voisin, dans cette escarmouche ou bataille de la vie. Naturellement, le plus fort, le mieux armé, le plus habile, le moins consciencieux triomphe de tout, pendant que le naïf, celui qui croit à un devoir, à un principe, gît meurtri, loin du but. Comment arriver?

Eh bien! il est déjà arrivé. Il possède une fortune, une dignité que personne ne lui envie et ne lui disputera : celle de martyr. Vous riez? C'est une vocation comme une autre. Elle fait ricaner les rentiers bien cossus; mais l'homme qui l'a choisie librement, trouvera tout à coup une force singulière à se trouver ainsi au premier plan, et presque seul de son espèce. Car il dépend uniquement de lui; il a l'ambition très haute d'être sans rival, et de convertir en joies toutes ses souffrances, tous ses sacrifices.

Un beau jour il s'est dit : « Ne suis-je pas insensé de m'affliger de toutes les iniquités commises autour de moi? Cette amertume, cette indignation que m'inspirent la vue du mal, le succès du mensonge, altèrent la limpidité des sentiments et des idées. Il faut s'en défendre. L'indifférence n'endormira jamais mon cœur; mais j'essayerai de l'armer de patience; je l'élèverai à une telle hauteur, qu'il pourra entrevoir dans un lointain horizon la transformation graduelle (si lente et imperceptible qu'elle paraisse) des esprits et des caractères. Avant tout, rappelons-nous que nul ne peut échapper à sa vocation innée. Être utile à ceux qu'on aime et souffrir pour eux, c'est tout un. Acceptons les conséquences de nos premiers mouvements. »

Mais un instinct de conservation proteste et vous défend contre cette continuité de tourments; il est permis, il est naturel de chercher à s'épargner les flagellations. Ne suit pas qui veut le chemin de la Croix! La résignation, dans le sens chrétien, est absolument incompatible avec la vie moderne, avec le devoir du citoyen.

Cependant tant d'efforts, de courage, d'intelligence, d'activité ont échoué; vous approchez du terme de la vie, et vous avez eu sans cesse sous les yeux le triomphe facile de ceux qui ne le méritent pas. Que faire pour ressaisir la sérénité, pour s'arranger la paix des derniers jours?

Je vous le dis, acceptez résolument l'idée du martyre.

Encore une fois, ce mot fera rire les gens riches, heureux, célèbres, puissants, glorieux. Mais celui qui met son trésor dans l'indépendance d'esprit, dans la vie de la pensée, ne peut l'assurer que par la paix, et la paix n'arrive que par le sacrifice.

Ah! certes, cette idée n'est guère souriante au premier abord, pour une âme fière, pour un caractère fort, qui a senti dans maintes occasions sa valeur.

Et pourtant, il se fera en vous un apaisement instantané. Vous ne renoncez pas à agir, à lutter, non ; mais vous avez mis votre cœur à l'abri. Rien ne vous étonnera plus, ne vous impatientera plus. Vous savez d'avance votre lot, vous l'avez accepté.

Désormais, tout vous sera une surprise heureuse : si vous n'êtes pas foudroyé par la mauvaise nouvelle que vous attendiez, ou par l'inimitié déclarée, ou par l'indifférence navrante de ceux qui devraient vous aimer ; s'il vous reste du pain sur la planche, si la haine a désarmé, si les amis ont encore un sourire, vous serez étonné, heureux, reconnaissant.

Et pourquoi tant d'humilité ? dira-t-on. Passez-vous de tous ces gens-là. Quel besoin d'être aimé ? Un petit grain d'égoïsme vous guérirait bien vite de ces maux. La dignité, l'orgueil, le mépris, au besoin, défendront votre repos.

Ah ! voilà la difficulté ; on ne refait pas sa nature. Votre âme et celle du voisin ne sont pas venues dans un même moule. Une faculté extraordinaire de convertir en bonheur la moindre joie, implique nécessairement une extrême souffrance à la vue de l'injustice. Et le monde est fait d'injustices.

Est-ce pour elle-même qu'une âme bien née s'attriste? Les idées plus que les événements passionnent un esprit vivant. L'événement passe, il est déjà oublié; mais l'idée fausse ou perverse reste. Elle continue son travail délétère à la façon contagieuse des microbes. Comment les arrêter, les détruire, assainir l'atmosphère?

Le penseur, le patriote n'a pas de plus ardent souci que celui-là. Toute sa vie, toute son action se résument dans cet effort : empêcher le fait de se produire. Et si ce n'est pas possible, du moins extirper les idées malsaines que ce fait accompli, injuste ou criminel, laisse après lui.

La généralité des hommes, entraînés par le tourbillon des affaires, n'examinent rien. C'est à peine s'ils pensent à autre chose qu'à leurs intérêts.

Il y a des époques d'anarchie intellectuelle, où, après une longue compression, toutes les opinions possibles ou impossibles s'affichent, sans qu'une autorité supérieure, celle du génie, les oriente et les domine. Elles se heurtent, se contredisent, s'annulent et élargissent le vide, sans rien produire.

Que faire, dans ce cas? Se consumer en paroles inutiles? Personne ne vous écoute. La discussion devient impossible, par l'abus même de la discussion. Il faut attendre. On se lassera des vaines clameurs, on aura la satiété du faux, et alors peut-être retrouvera-t-on une heure d'enthousiasme.

Laissez aux idées justes le temps de germer et de faire leur chemin. Servez la patrie, la liberté, non seulement par des actes et des paroles, mais par la patience, la persévérance, même si vous assistez à l'oubli des choses saintes.

Conformer ses actes à la raison, pour être content de soi-même, voilà une première condition de l'optimisme. L'espérance porte en elle des germes féconds. La négation de parti pris, le doute universel, neutralisent toute action.

Le dénigrement systématique de la chose publique trahit une nature maladive, souvent aussi une nature pusillanime qui se dérobe au sacrifice.

On vit trop peu de temps. L'âme humaine, avant que de quitter son enveloppe terrestre, devrait avoir parcouru tout le cycle des connaissances humaines, tout le cercle de l'horizon intellectuel. On commence par le côté pittoresque de la nature, par la poésie qui est la fleur. On finit par la philosophie, fruit mûri par l'expérience de la vie. La véritable possession de soi-même on l'acquiert alors qu'on n'en a plus besoin.

Il n'y a vraiment aucune proportion entre la fougue de nos sentiments et la force dont nous disposons pour les maîtriser. Un torrent impétueux rencontre sur son passage un obstacle, un bloc : un tourbillon se forme; dans ce tourbillon comment prendre pied?

Par la force des choses, non parce qu'ils le recherchent, il y a des êtres condamnés toute leur vie à tenter la conquête de l'impossible.

L'héritage des difficultés à vaincre est lourd; une fois accepté, il faut s'en tirer et vaincre au prix de son repos.

L'accélération due à la vitesse acquise explique seule la puissance croissante des sentiments et de l'activité, à mesure qu'on avance en âge.

Ne pas remettre à demain ce qu'on peut faire aujourd'hui, voilà une bonne vieille maxime. Mais à mesure que la vie décline, on doit se dire : Ne pas remettre à l'après-midi ce qui peut être fait le matin.

La multiplication des pains, cette ingénieuse

parabole de l'Évangile, explique le miracle d'un cœur qui suffit à tout. Mille âmes dans une seule poitrine. Le bonheur d'aimer crée l'activité intellectuelle.

Patrie, justice, beauté immortelle de l'art, poésie, peinture, sculpture, vous nous restez quand nous avons tout perdu! Voilà une jeunesse qui n'a pas de déclin; on est placée dans un axe du ciel qui n'est plus le temps, qui n'est pas encore l'éternité, et de ce point élevé on peut faire rayonner des vérités utiles à ceux qu'on aime.

J'ai lu quelque part cette définition : « Le but de l'existence c'est la recherche du bonheur. »

Malgré leur banalité, ces mots font faire un retour sur soi-même. Eh bien non! Une âme qui s'est fait une idée très haute de la vie dès sa jeunesse n'a jamais eu d'autre but que de *développer son être intellectuel et moral. Se rendre utile à ceux qu'elle aime.*

Voilà la vraie définition trouvée par le cœur et par la pratique de la vie.

Utilisez d'une manière quelconque vos facultés. Songez à ces forces de la nature qu'on ne laisse plus improductives. La puissance des torrents, même la puissance de la mer est transportée à distance pour être utilisée, elle ne se perdra plus vainement dans la solitude. Borné jusqu'ici aux tempêtes stériles, le vieil océan sera converti en travailleur.

Que de pensées salutaires nous arrivent en face d'un paysage aimé! Accueillons-les, écoutons ce qu'elles nous disent : s'armer d'indulgence, retrouver l'humilité du cœur! On la perd en se comparant à tant de natures sèches ou frivoles. Faire un retour sur soi-même. Ne pas s'enivrer de mots sonores. Ce danger est naturel à la jeunesse, mais l'âge mûr exige la précision des mots. Le tourbillon des pensées et des sentiments qui nous emporte produit comme une vapeur et nous cache le sens lumineux des choses. Voilà pourquoi le recueillement est si nécessaire de temps en temps.

Cette haute vie morale que j'entrevois impose le devoir de ne pas se laisser rapetisser. Agir avec noblesse dans les moindres circonstances, je dirai *surtout* dans les petites; les grandes vous élèvent tout naturellement. Savoir se suffire; trouver dans l'approbation intérieure une consolation à l'indifférence humaine. La paix et la joie de l'esprit vous reviendront alors, quand l'injustice vous aura mis l'amertume au cœur et aux lèvres.

Souvent aussi un talent inconnu, une belle œuvre d'art, un acte de justice inespéré, des sympathies nouvelles changent l'orientation, le point de vue pessimiste et raniment notre vigueur dans cette marche en avant!

C'est en soi-même qu'il faut trouver des ressources de rajeunissement, de fraîcheur printanière. Heureux ceux chez qui l'accablement ne dure jamais longtemps. Ils ne restent pas terrassés; après chaque découragement ils se ressaisissent avec une ardeur nouvelle et se redressent vaillamment à cette pensée : servir une cause sacrée!

Il faut toujours en venir là : savoir se contenter de la société des idées; agir sur les esprits. De bonnes pensées à infuser aux autres, n'est-ce pas aussi efficace que les précieux sels des sources minérales? Avant tout bannissons la mélancolie.

Une habitude salutaire, c'est de se donner à soi-même de temps en temps le diapason, quand notre instrument moral semble discord. Dans un de ces jours de tristesse sans motif, si l'on se pose cette question : « Qu'est-il arrivé de nouveau? —

Rien. » Tout à coup l'accord mineur se transformera en majeur; le sourire remplacera les larmes prêtes à jaillir; même l'intonation de la voix changera subitement. C'est ce que j'appelle se donner le *la*.

Encore une fois, dans quelle pensée nous réfugier quand la tristesse nous envahit? Ce que nous possédons en nous de meilleur arrive alors à notre secours : le souvenir d'un acte qui nous a coûté, la joie d'autrui achetée aux dépens de notre joie, une victoire sur nous-mêmes, une bonne action. Ou bien le souvenir de ce moment où l'horizon intellectuel s'est élargi tout à coup grâce à une vue très haute qui a illuminé notre esprit. Oui, c'est dans le sanctuaire de nos pensées que le trésor s'amasse pour les heures de détresse; il est permis d'y jeter un regard et d'y puiser quelque force.

Si vous ne trouvez pas un secours assez puissant dans ce retour sur vous-même, si votre nature ardente ne se complaît que dans l'action, faites servir vos amères douleurs au bien d'autrui; tirez-en des lumières pour éclairer la route qui n'a pas été encore parcourue. Le désir d'être utile à vos semblables vous inspirera une sainte énergie; elle sera la transformation de votre découragement. Une vigueur inconnue renouvellera votre jeunesse, vous vous sentirez des ailes pour porter votre précieux fardeau, vous retrouverez l'enthousiasme de la vingtième année pour guider les esprits vers les hauteurs... Vivre pour être utile, c'est encore aimer.

Il se fait, à notre insu, un travail d'esprit qui nous remet dans la bonne voie. Souvent c'est aux ennemis que nous devons cette illumination inté-rieure. Il y a des douleurs qui nous commandent avec force de vivre, d'agir.

Oui, il y a des dates morales où l'on secoue sa torpeur. On reprend tout à coup le sentiment de sa valeur propre. Plus de plaintes! Une inspira-tion du ciel, un rayon a jailli; alors on se dit : Chacun de nous a reçu une faculté qui doit se développer pour notre salut au moment où nous sommes menacés de périr. Chez les uns, cette faculté, c'est l'énergie morale; chez d'autres, c'est un esprit éblouissant. Eh bien! nous ne voulons pas périr. Il faut même en ôter l'idée à ceux qui nous disent : « N'est-ce pas, vous ne tenez pas à la vie? » Depuis que cette parole étrange a été prononcée, une révolution s'est faite en nous. Le désir de vivre ne s'est pas augmenté, mais comme on pourrait nous prendre au mot et nous expédier dans l'autre monde sans que nous en ayons envie, désormais nous nous faisons une loi de nous interdire les funèbres appréhensions. Et pour mieux attester notre existence, nous recommençons un travail nouveau.

Il est de belles tristesses, fécondes et saintes; elles fortifient une âme capable de les ressentir et la portent aux grandes actions.

Toute différente cette tristesse maladive, née d'un manque d'équilibre. De celle-là il faut se défendre; c'est une captivité.

Pour ressaisir la liberté de l'esprit, je n'ai jamais trouvé un autre moyen que le travail. Au premier moment on a peine à discipliner son esprit. Bientôt on arrive à s'étourdir à force d'occupations utiles, comme les mondains s'étourdissent de plaisirs. On n'a plus le temps de revenir aux réflexions douloureuses. L'esprit est encombré de tant de choses intéressantes, importantes, qu'il ne reste plus de place pour une pensée de découragement.

Voilà l'unique remède que je sache.

Je hais les consolations philosophiques, je les crois même très dangereuses; elles font perdre de vue le péril immédiat, réel, pendant qu'on embrasse en imagination le lointain, l'insaisissable avenir.

La tristesse des jeunes me fait penser au vers d'Homère, à cette pierre que quatre hommes de nos jours ne pourraient soulever. Les hommes de 48, les proscrits de 1851, les soldats de la Défense nationale en 1870 ont porté des fardeaux autrement lourds que ceux d'aujourd'hui.

Il faut ceindre d'une forte armure le cœur et ne pas le laisser entamer par le découragement politique, la plus dangereuse des tristesses, car elle ne dépend pas de notre volonté. Elle est faite de doute et de faiblesse, elle décompose le patriotisme.

Il faut croire à la Patrie comme les dévots à Dieu. Il ne manque pas de démonstrations aux athées pour nier l'existence de l'Être suprême; mais qui pourrait nier la Patrie? elle vous inspire et vous nourrit et vous porte comme la haute mer.

La Patrie ce n'est pas le sol, l'argile qui a formé les atomes de notre corps mortel : la Patrie c'est cette puissance créatrice qui a fourni chaque atome à notre âme, qui nous a fait ce que nous sommes, et qui nous a tout donné. Ces ancêtres intellectuels, ces grands hommes, héros, génies bienfaisants, nous ont nourri de leur esprit, de leur cœur; chacun d'eux a déposé en nous les idées, les sentiments qui font notre personne morale, notre être immortel.

La reconnaissance passionnée, l'immense amour avec lequel nous embrassons la race, la nation à laquelle nous devons tout, confond nos origines avec les siennes.

D'où êtes-vous? Comment êtes-vous né? — De cette France qui nous a reçu dès le berceau, qui a façonné à sa douce langue notre première parole, qui a frappé à son effigie chacune de nos pensées, qui a fait battre notre cœur d'orgueil et de bonheur dans ses jours de gloire, d'amère souffrance dans son adversité, d'éternel amour pour ses bienfaits, d'enthousiasme toujours!

Notre premier élan, notre première pensée réfléchie a été le serment de lui consacrer notre vie.

La volonté est tout dans l'homme. La volonté et l'amour sont plus forts que le hasard de la naissance. L'âme immortelle est plus puissante que l'argile périssable. Quand nous ne serons plus, on sera bien forcé de compter les âmes vraiment françaises qui ont le plus fidèlement aimé et servi la Patrie dans les bons et dans les mauvais jours; la France reconnaîtra bien les siens.

L'amour de la vie me semble étroitement lié à l'amour du Vrai. C'est ainsi du moins que je m'explique comment ce sentiment puissant survit chez ceux qui ont tout perdu et qui n'ont plus de racines sur la terre.

Chose étrange, l'amour de l'existence manque précisément aux gens fortunés, à ceux que le sort a doués de facultés exceptionnelles, de richesses, de considération mondaine. S'ils connaissaient le prix de la vie, ils feraient bien meilleur usage des biens dont ils sont comblés.

Chercher passionnément le vrai dans l'art, dans la science ou tout simplement dans la vie réelle; deviner par l'observation ou par l'instinct les phénomènes moraux qui nous étonnent si souvent;

avant tout se rendre utile, quelle valeur cela donne à chaque minute!

Comment se fait-il que les hommes d'un esprit supérieur soient complètement détachés de la vie? Ils poursuivent la recherche des vérités parce que leur profession le leur impose, et aussi par besoin d'intelligence, et ils restent indifférents, que dis-je inaccessibles à la joie de vivre. Ils ne comprennent pas cette joie chez les autres et sont bien près de blâmer l'attachement à l'existence.

Mourir est-ce donc le but suprême de la création? Y penser sans cesse la loi de la sagesse? Autant vaudrait ne pas être né.

Pourquoi notre enfance et ces étapes semées de périls qui ont coûté tant de peine aux mères? Pourquoi cette adolescence laborieuse, haletante, consumée sur les bancs du collège, dans les livres et la préparation du savoir humain? Pourquoi cette longue attente du bonheur?... Ah! c'est là peut-être l'explication.

Le bonheur n'est pas venu au premier appel, les déceptions lassent une âme faible ou orgueilleuse. Mais il y a des hommes en pleine possession des félicités que donne la famille, des hommes ayant la conscience de leur propre valeur et qui ont une vraie prédilection pour la mort. Chez les catholiques je remarque moins cet amour immodéré de la vie future, peut-être parce qu'ils sont moins croyants. Un protestant convaincu vit surtout par la lumière de la Bible : la mort, donc la résurrection, le corps spirituel. La vie éternelle voilà le but suprême.

Eh bien! non, il faut commencer par la terre; vivre sur cette planète où nous sommes nés, en faire notre paradis, en dépit des imperfections terrestres, créer l'immortalité dans le temps par la profondeur infinie de nos sentiments, par l'amour de chaque heure noblement employée. Ingrats! le temps seul nous manque pour tirer partie des facultés qui nous sont données!

L'orthodoxie religieuse et tous les désespérés disent que la terre est une vallée de larmes. Comparons-la plutôt à ces carrières souterraines, ténébreuses, où se consument les forces des travailleurs : extraire de ces mines les filons d'or, les pierres précieuses enfouies dans la roche, je veux dire les pensées, les découvertes qui serviront à la civilisation, c'est la tâche des vaillants ouvriers.

Préparer des joies à ceux qui nous entourent, voilà surtout ce qui fait aimer la vie. Tout le monde n'a pas la vocation du savant, du penseur, mais tout le monde sait aimer. Oh! quand je songe à ce pouvoir de fées que possèdent les riches, combien je leur porte envie! Comme notre journée est illuminée quand nous avons pu faire à quelqu'un une joyeuse surprise, si modeste quelle soit! Que serait-ce de transformer l'existence de ceux qui souffrent et méritent un allègement! Et on nous parle de mourir, de nous préparer à la mort! Tant que je garderai un souffle de vie, je l'emploierai à être utile aux autres! Et si ce bonheur est facile aux natures les plus humbles, combien plus les esprits supérieurs ont-ils le devoir d'aimer la vie! Hommes de génie, âmes pieuses, vous vous réservez pour l'Immortalité? La vie éternelle ne commence-t-elle pas ici-bas? Elle est faite d'années, de jours, d'heures, de chaque minute qui renferme une pensée, un bienfait, un amour.

La science découvre l'infiniment petit par le microscope; elle franchit les espaces illimités par le télescope; le penseur trouvera un champ infini de découvertes grâce à l'observation. L'amour et la concentration de la pensée devant une chose belle feront jaillir une source intarissable de vérités dans chaque esprit bien doué.

Ainsi dans un musée, je regarde une toile de Rembrandt; je l'ai vue cent fois, je sais qu'elle est admirable; mais aujourd'hui je cherche à découvrir la vraie cause du culte fanatique des peintres pour la couleur, pour la lumière. Sans doute la jouissance que j'éprouve n'égalera jamais la leur; je n'entendrai pas les symphonies de coloris que l'art leur révèle, mais l'extrême attention et le désir passionné de comprendre me feront saisir mille détails jusqu'ici inaperçus. De même, dans le monde de la pensée et du sentiment, l'horizon s'agrandit, le cœur et l'instinct aident à la pénétration des choses.

La vie est réellement trop courte pour réaliser tous nos projets, toutes les bonnes pensées qui nous arrivent après tant d'expériences chèrement acquises. On s'aperçoit, trop tard, d'une foule de choses : ainsi, arrivés au déclin de nos jours, nous commençons à apprécier la gaieté comme une panacée universelle, comme un ciment social pour rattacher les relations et même les amitiés qui se disloquent.

Elles vous fuyaient quand vous étiez dans les larmes, elles reviennent à vous si vous avez le courage de sourire. La gaieté est le lénitif aux blessures, un moyen diplomatique d'esquiver les brouilles, de dissiper les malentendus, un levier pour soulever toutes les difficultés. Elle sert de calmant, de réfrigérant quand on sent bouillonner en soi l'indignation; c'est une armure contre la sottise, un stimulant, un apéritif de l'esprit. Assurément la gaieté est l'élément vital de notre pauvre existence. Mais quoi? On touche à la fin, juste au moment où l'on vient de deviner le sens de la vie!

Il m'est arrivé plus d'une fois de m'écrier : « Je voudrais vivre toujours! » Ah! c'est pour lutter contre l'oubli qui s'attache aux idées qu'il importe d'éterniser!

Continuer à tenir les âmes en éveil, rappeler aux jeunes le VRAI enseigné par les maîtres disparus, voilà notre unique raison d'*être*.

Les hommes qui ont un apostolat connaissent bien cette abnégation de l'amour qui annihile volontairement le *moi*. Ils ne vivent guère pour eux-mêmes, mais pour l'idée, pour la cause sacrée qu'ils servent. Celui qui aime avec passion la science ou l'art appartient aussi à cette élite de natures désintéressées. Si elles étaient plus nombreuses, la filiation des nobles esprits serait fondée.

J'ai vu faire la moisson dans les vallées du Dauphiné; j'ai vu passer les grands chars traînés par les bœufs intelligents et patients; j'ai vu rentrer les gerbes de blé qui répandent la saine odeur de la vie des champs, du travail, de la force; j'ai respiré l'herbe fauchée, la menthe et la mélisse sauvage qui parfument tous ces ruisseaux courant vers l'Isère; et dans leurs flots si purs j'ai pu jeter quelques bonnes pensées.

FIN

TABLE

Coulommiers. — Imp. PAUL BRODARD.